W0176562

STARK

Abitur *Skript*

Biologie

Gymnasium · Gesamtschule
Niedersachsen

STARK

© 2022 Stark Verlag GmbH
www.stark-verlag.de
1. Auflage 2019

Inhalt

Genetik

Ökologie

Neuronale Informationsverarbeitung

Evolution

Autorinnen und Autor:
Angela Heßke, Brigitte Meinhard, Christian Schillinger

Vorwort

Liebe Schülerin, lieber Schüler,

dieses handliche Buch bietet Ihnen einen systematischen Leitfaden zu allen Lehrplaninhalten, die Sie im **Biologie-Abitur** in Niedersachsen benötigen.

Durch seinen klar strukturierten Aufbau eignet sich der Band besonders zur Auffrischung und Wiederholung des Prüfungsstoffs kurz vor dem Abitur.

- Am Beginn jedes Kapitels finden Sie eine **Übersicht**, die die Zusammenhänge im jeweiligen Stoffgebiet darstellt.

- Passgenaue **Beispiele** sind durch eine Glühbirne markiert und veranschaulichen die Theorie.

- Nur für das **erhöhte Anforderungsniveau prüfungsrelevante Inhalte** sind mit einer Linie am Seitenrand gekennzeichnet.

- Die Lerninhalte werden durch aussagekräftige **Abbildungen** und **Tabellen** verdeutlicht.

- Das ausführliche **Stichwortverzeichnis** führt Sie schnell und treffsicher zum gesuchten Lernstoff.

Viel Erfolg bei der Abiturprüfung!

Angela Heßke

Brigitte Meinhard   Christian Schillinger

Ausführliche Erläuterungen zu vielen Themen sowie zahlreiche Übungsaufgaben finden Sie in unseren Abitur-Trainingsbänden:

- **Abitur-Training Biologie 1** (Bestell-Nr. 947058D)
- **Abitur-Training Biologie 2** (Bestell-Nr. 947048D)

Die offiziellen Prüfungsaufgaben der letzten Jahre mit ausführlichen Lösungen und vielen nützlichen Hinweisen zu Ablauf und Anforderungen des Zentralabiturs enthalten die Bände **Abiturprüfung Biologie Niedersachsen EA** und **GA**.

Zytologie und Grundlagen des Zellstoffwechsels

1 Moleküle des Lebens

Lebewesen bestehen aus **anorganischen** und **organischen** Verbindungen.

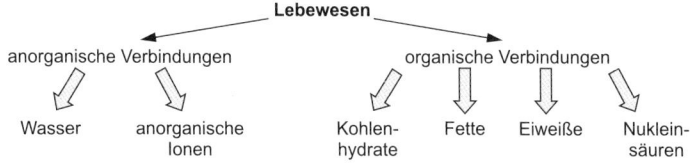

Lebewesen

anorganische Verbindungen → Wasser, anorganische Ionen

organische Verbindungen → Kohlenhydrate, Fette, Eiweiße, Nukleinsäuren

1.1 Kohlenhydrate

- **Chemische Struktur der Monomere:** Formel häufig $C_n(H_2O)_n$; z. B. Hexosen (z. B. Glucose, Fructose) mit 6 oder Pentosen (z. B. Ribose) mit 5 C-Atomen
- **Funktionen:** Bau- und Gerüstsubstanz (z. B. Chitin, Cellulose), Energiespeicher (z. B. Glykogen, Stärke)

```
        CHO
H ──── OH                CHO
H ──── OH        H ──── OH
HO ──── H        H ──── OH
H ──── OH        H ──── OH
    CH₂OH            CH₂OH
   Glucose          Ribose
```

1.2 Fette (Lipide)

- **Chemische Struktur:** Glycerin (auch: Glycerol; dreiwertiger Alkohol) und Fettsäuren (mit gerader Anzahl an C-Atomen)

Glycerin Esterbindung Fettsäuren

- **Funktionen:** Energiespeicher, Baustoff (z. B. von Biomembranen, Phospholipid), Wärmeisolierung, Stoßdämpfer

1.3 Proteine (Eiweiße)

Polypeptide mit mehr als 100 **Aminosäuren** (AS)

- **Chemische Struktur der Aminosäuren:**

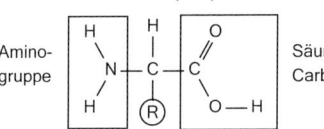

Aminogruppe — Restgruppe (variabel) — Säuregruppe/Carboxylgruppe

- **Strukturebenen:**
  - **Primärstruktur:** Aminosäuresequenz
  - **Sekundärstruktur:** Spiralige (α-Helices) oder aufgefaltete parallele Abschnitte (β-Faltblätter), durch H-Brücken stabilisiert
  - **Tertiärstruktur:** Räumliche Faltung eines Proteins (Konformation), stabilisiert durch VAN-DER-WAALS-Kräfte, H-Brücken, Disulfidbrücken, Ionenbindungen
  - **Quartärstruktur:** Zusammenlagerung mehrerer Polypeptidketten zu funktioneller Einheit (z. B. Hämoglobin)
- **Funktionen:** Baustoff (z. B. Keratin), Botenstoff (z. B. Insulin), Enzym (z. B. Katalase), Abwehr (z. B. Antikörper), Stofftransport (z. B. Carrierprotein), Bewegung (z. B. Myosin- und Aktinfilamente)

Hämoglobinmolekül:
Aufbau: 4 Polypeptidketten (2 α-Ketten und 2 β-Ketten), jeweils mit einer Häm-Gruppe (Porphyrin-Ring mit zentralem Fe^{2+}-Ion)
Funktion: Transport von maximal vier O_2-Molekülen durch lockere Anbindung an Häm-Gruppen (Oxygenierung)
Bei Anbindung eines O_2-Moleküls $\Rightarrow$ Konformationsänderung der übrigen drei Häm-Gruppen (kooperativer Effekt) $\Rightarrow$ erleichterte Anbindung der restlichen drei O_2-Moleküle; analoger Effekt bei Desoxygenierung $\Rightarrow$ schnelleres Be- und Entladen mit O_2-Molekülen

1.4 Nukleinsäuren

Polymere aus Nukleotiden
- **Chemische Struktur eines Nukleotids:** Einheit aus Pentose (Des-

oxyribose/Ribose), Phosphatgruppe und organischer Base (Adenin, Guanin, Thymin bzw. Uracil, Cytosin)

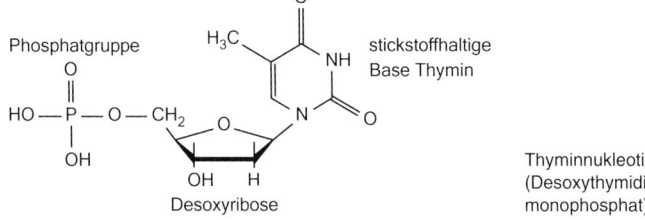

Phosphatgruppe

stickstoffhaltige Base Thymin

Thyminnukleotid (Desoxythymidin-monophosphat)

Desoxyribose

- **Funktionen:** Speicher und Übermittler der genetischen Information

2 Organisation und Funktion von Zellen

2.1 Die Zelltypen Protozyte und Euzyte

	Protozyte	Euzyte
Vorkommen	Bakterien, Cyano-bakterien, Archaeen	Pflanzen, Pilze, Tiere
Genetisches Material	frei im Zytoplasma ⇒ Prokaryoten	im Zellkern eingeschlossen ⇒ Eukaryoten
Wichtige Zellorganel-len/Bestand-teile	• keine membranum-schlossenen Zell-organellen • Ribosomen • Zellwand • evtl. Geißel	• Zellkern mit Nukleolus • Mitochondrien • Ribosomen • Dictyosomen (in Summe: Golgi-Apparat) • endoplasmatisches Retikulum (glatt und rau) • Lysosomen • Mikrotubuli nur Tierzellen: Zentriolen nur Pflanzenzellen: • Chloroplasten • Zellwand • Zellsaftvakuole
Fazit	⇒ relativ einfacher Bau	⇒ relativ komplexer Bau

Bau und Aufgaben wichtiger Zellorganellen

- **Zellkern (Nukleus):**
  - **Bau:** Doppelmembran mit Kernporen, im Inneren Chromatin und meist zwei Nukleoli
  - **Aufgaben:** Speicherung des genetischen Materials (Chromosomen), Steuerung von Stoffwechselprozessen (über Transkription von RNA-Molekülen, siehe S. 24) und Zellteilung
- **Mitochondrium:**
  - **Bau:** Doppelmembran, innere Membran mit faltenartigen Einstülpungen (Oberflächenvergrößerung); in Matrix (= Innenraum) ringförmige DNA und Ribosomen
  - **Aufgabe:** Zellatmung (aerober Brenztraubensäureabbau, Atmungskette, siehe S. 17 f.) ⇒ Katabolismus für Energiegewinnung
- **Chloroplast:**
  - **Bau:** Doppelmembran, innere Membran bildet Thylakoide (lamellenartige Membranstapel ⇒ Granathylakoide) und enthält Pigmente; im Stroma (= Innenraum) ringförmige DNA, Ribosomen und Stärkekörner
  - **Aufgabe:** Fotosynthese ⇒ Anabolismus mithilfe des Sonnenlichts (siehe S. 9 ff.)
- **Ribosom:**
  - **Bau:** Keine Membran, Zusammenlagerung zweier unterschiedlicher Einheiten aus ribosomaler Ribonukleinsäure und Proteinen
  - **Aufgabe:** Ort der Translation der mRNA (siehe S. 24 f.)

2.2 Bau und Funktion der Biomembranen

Bau einer Biomembran

Flüssig-Mosaik-Modell: Die Biomembran ist eine (zäh)flüssige Lipiddoppelschicht mit mosaikartig auf- und eingelagerten Proteinen.
- **Doppelschicht aus Phospholipiden:** Polare, hydrophile (lipophobe) Molekülbereiche („Köpfe") weisen nach außen; unpolare, lipophile (hydrophobe) Molekülschwänze nach innen.
- **Membranproteine:**
  - Periphere Proteine: Auf den Außenseiten der Doppellipidschicht

– Integrale Proteine: In die Doppellipidschicht eingelagert
– Membranporen: Integrale Tunnelproteine
• **Glykokalyx:** Gesamtheit aller Kohlenhydratketten auf der Membranaußenseite einer Zelle
– Glykolipid: Membranlipid mit Kohlenhydratkette
– Glykoprotein: integrales Protein mit Kohlenhydratkette

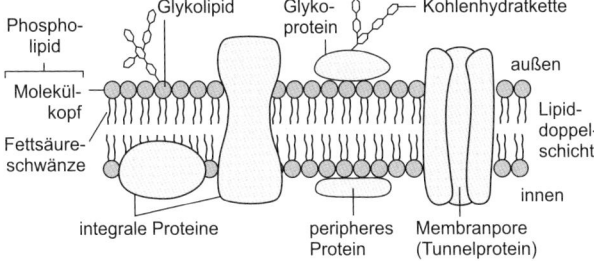

Funktionen der Biomembran

• **Kompartimentierung:** Die Zelle wird durch Biomembranen in unterschiedliche Reaktionsräume unterteilt ⇒ verschiedene Stoffwechselreaktionen können ungestört nebeneinander ablaufen.
• **Zell-Zell-Erkennung** über Glykoproteine oder -lipide
• **Stofftransport durch Biomembranen:**
– **Diffusion und Osmose:**
  Diffusion: Gleichmäßige Verteilung von Teilchen in einem zur Verfügung stehenden Raum bis zum Konzentrationsausgleich aufgrund der Eigenbewegung der Teilchen (**Brownsche Molekularbewegung**) ⇒ passiver, physikalischer Vorgang.
  Osmose: Eingeschränkte, einseitige Diffusion durch eine selektiv permeable Membran ⇒ passiver, physikalischer Vorgang.
  Biomembran kann nur von lipophilen und kleinen unpolaren Molekülen (z. B. Sauerstoff, Kohlenstoffdioxid) sowie von Wassermolekülen passiert werden, aber nicht von hydratisierten Ionen oder großen polaren Molekülen (z. B. Zucker).
– **Proteingebundener Transport:**
  Tunnelproteine (Kanalproteine): Erleichterte Diffusion von Ionen und größeren polaren Molekülen entlang ihres Konzentrationsgefälles durch Membranporen ⇒ **passiver Transport.**

Carrierproteine: Bindung größerer Moleküle an Rezeptorstellen von Membranproteinen führt dort zu Konformationsänderung und zum Membrantransport des Moleküls ⇒ **passiver Transport** bei Transport entlang Konzentrationsgefälle, **aktiver Transport** (unter Energieaufwand) bei Transport gegen Konzentrationsgefälle (⇒ Pumpenfunktion).

– **Membrangebundener Transport:**
Abgabe bzw. Aufnahme von flüssigen/gelösten Stoffen oder von Partikeln aus der Zelle bzw. in die Zelle.

Exozytose: Membranumschlossenes Bläschen (Vesikel), das die abzugebenden Stoffe enthält, verschmilzt mit der Zellmembran und entleert seinen Inhalt nach außen.

Endozytose: Aufzunehmende Stoffe gelangen in eine Zellmembraneinstülpung, die sich als Vesikel ins Zellinnere abschnürt.

2.3 Enzyme als Biokatalysatoren

Enzyme: Proteine, die biochemische Reaktionen katalysieren. Sie …

- **beschleunigen** eine Reaktion, indem sie die Aktivierungsenergie herabsetzen.
- liegen nach der Reaktion **unverändert** vor.
- sind **substratspezifisch**, d. h., sie setzen nur eine ganz bestimmte Verbindung, ihr Substrat, um.
- sind **wirkungsspezifisch**, d. h., sie katalysieren nur eine ganz bestimmte Reaktion ihres Substrats.
- wirken unter Bildung eines **Enzym-Substrat-Komplexes (Schlüssel-Schloss-Modell)**, wobei das Substrat an das **aktive Zentrum** gebunden wird.

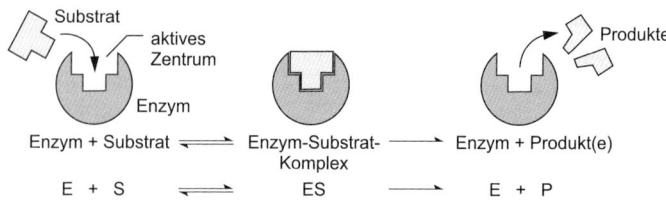

Abhängigkeit der Enzymaktivität

- **Substratkonzentration:** Die Reaktionsgeschwindigkeit einer Enzymreaktion steigt mit zunehmender Substratkonzentration an, bis alle Enzymmoleküle mit Substrat gesättigt sind ⇒ konstante Maximalgeschwindigkeit v_{max}, auch wenn die Substratkonzentration weiter erhöht wird.

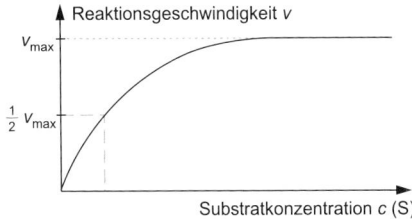

- **Temperatur:** Gemäß der **RGT-Regel** verdoppelt bis verdreifacht sich bei einem Temperaturanstieg um $10\,°C$ die Reaktionsgeschwindigkeit chemischer Reaktionen.

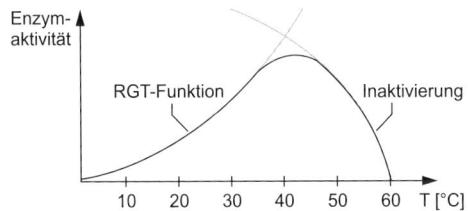

Inaktivierung: Ab einer Temperatur oberhalb des Temperaturoptimums (oft ab ca. $40\,°C$) nimmt die Enzymaktivität ab, da die Tertiärstruktur der Enzymproteine durch die Wärme immer stärker verändert wird (Denaturierung der Enzymmoleküle).

- **pH-Wert:** Enzyme entfalten ihre volle Aktivität nur bei einer bestimmten, individuell unterschiedlichen Protonenkonzentration in der Umgebung, da diese den Ladungszustand der Aminosäuren beeinflusst und dadurch die Tertiärstruktur stabilisiert oder destabilisiert. Optimum vieler Enzyme: pH $6-8$.

Regulation der Enzymaktivität durch reversible Hemmung

- **Kompetitive Hemmung:**

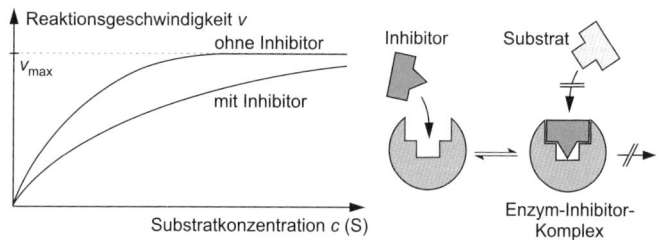

- Inhibitor und Substrat besitzen eine ähnliche Molekülstruktur, sodass beide um die Bindung an das aktive Zentrum konkurrieren.
- Die Bindung des Inhibitors am aktiven Zentrum blockiert für kurze Zeit die Bindung und Umsetzung eines Substratmoleküls.
- Hohe Substratkonzentration kompensiert die Inhibitorwirkung.

- **Allosterische (nicht kompetitive) Hemmung:**

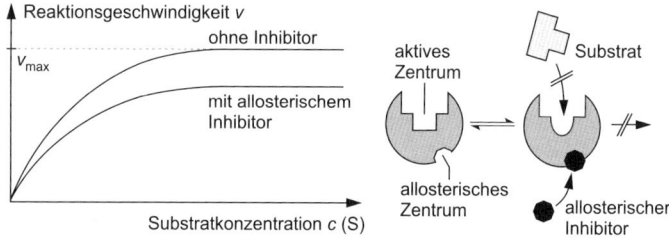

- Inhibitor und Substrat weisen keine Ähnlichkeiten in der Molekülstruktur auf.
- Inhibitor bindet an eigener Rezeptorstelle am Enzym ⇒ Änderung der Raumstruktur des aktiven Zentrums, sodass keine Substratbindung und -umsetzung stattfinden kann.
- Veränderung der Substratmenge beeinflusst die Stärke der Inhibitorwirkung nicht.

Stoffwechselphysiologie

3 Assimilation durch Fotosynthese

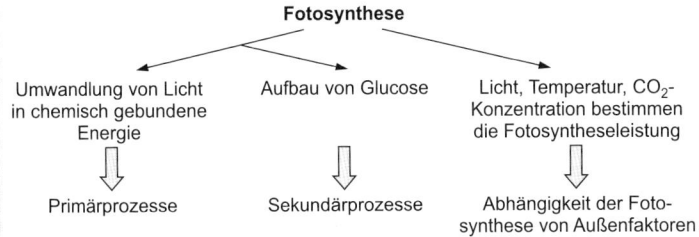

Vereinfachte Summengleichung der Fotosynthese:

$$6\,CO_2 \quad + \quad 6\,H_2O \quad \xrightarrow{\text{Lichtenergie}} \quad C_6H_{12}O_6 \quad + \quad 6\,O_2$$

Kohlenstoff   Wasser   Glucose   Sauerstoff
dioxid

3.1 Primärprozesse der Fotosynthese

Die Absorption von Lichtenergie durch die spezifischen Fotosynthese-pigmente wird genutzt zur Herstellung des …

- Energieäquivalents **ATP (Adenosintriphosphat)** aus ADP und anorganischem Phosphat P_i

$$ADP \; + \; P_i \; \longrightarrow \; ATP$$

- sowie des Reduktionsäquivalents **NADPH/H$^+$** aus NADP$^+$ und 2 Protonen und 2 Elektronen, die aus der Fotolyse des Wassers stammen (siehe S. 11 und S. 13)

$$NADP^+ \; + \; 2\,H^+ \; + \; 2\,e^- \; \longrightarrow \; NADPH/H^+$$

Fotosynthesefarbstoffe und Fotosysteme

Wichtigste Fotosynthesepigmente: grüne **Chlorophylle a und b** sowie orangerote **Carotinoide**. Mehrere hundert Farbstoffmoleküle bilden ein **Fotosystem**. Die Fotosysteme sind in die Thylakoidmembranen der Chloroplasten eingelagert.

Reaktionszentrum:
2 Chlorophyll-a-Moleküle

Antennenkomplex
aus Chlorophyllen
und Carotinoiden

Aufbau eines
Fotosystems

- bei Fotosystem I: Chlorophyll a = P700
  (Absorptionsmaximum bei Wellenlänge 700 nm)
- bei Fotosystem II: Chlorophyll a = P680
  (Absorptionsmaximum bei Wellenlänge 680 nm)

Lichtabsorption in Fotosystemen

Lichtenergie führt zur Anregung von Farbstoffmolekülen des **Antennenkomplexes** $\Rightarrow$ Elektronen in diesen Molekülen gehen in einen höheren Energiezustand über. Bei Rückkehr in den energieärmeren Grundzustand wird die Anregungsenergie weitgehend auf benachbarte Moleküle übertragen und schließlich zum **Reaktionszentrum** weitergeleitet. Vom angeregten Chlorophyll a im Reaktionszentrum wird ein Elektron an einen **Elektronenakzeptor** abgegeben. Diese Prozesse sind nahezu temperaturunabhängig.

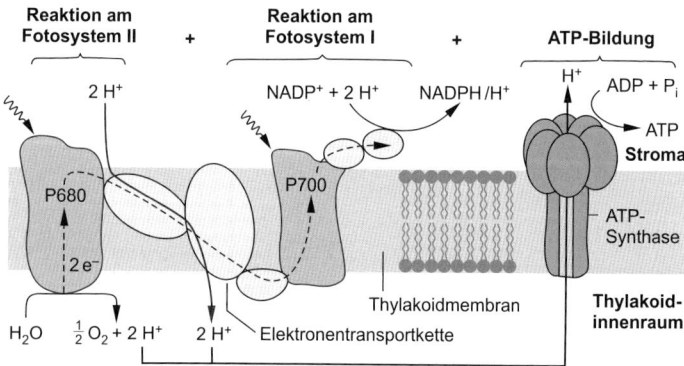

- **Reaktion am Fotosystem I:**
  Die Absorption von Lichtenergie führt im Fotosystem I zur Anregung des Chlorophyll a im Reaktionszentrum, wodurch dieses 2 Elektronen über eine kurze **Elektronentransportkette** auf $NADP^+$ im Stroma überträgt. Durch Aufnahme der Elektronen und von 2 Protonen entsteht das energiereiche Reduktionsäquivalent **$NADPH/H^+$**.

Elektronentransportkette: Aus **Redoxsystemen**, die als Elektronenakzeptoren Elektronen aufnehmen können und diese dann als Elektronendonatoren an das nächste Redoxsystem der Kette abgeben. Elektronen können nur von einem Redoxsystem mit negativerem auf eines mit positiverem Redoxpotenzial übertragen werden ⇒ Elektronenübertragung ist stets mit Energieabgabe verbunden.

- **Reaktion am Fotosystem II:**
  Die im Fotosystem I entstandene Elektronenlücke wird durch die Tätigkeit des Fotosystems II geschlossen: Durch Lichtabsorption angeregt leitet dessen Chlorophyll a im Reaktionszentrum über eine längere Transportkette Elektronen an das Fotosystem I. Die nun im Fotosystem II fehlenden Elektronen werden einem H_2O-Molekül entzogen ⇒ $1/2\ O_2$ und 2 Protonen werden frei (**Fotolyse des Wassers**).

- **ATP-Bildung durch Chemiosmose:**
  An den Elektronentransport über die dem Fotosystem II nachgeschaltete Elektronentransportkette ist der Transfer von Protonen aus der Matrix in den Thylakoidinnenraum gebunden.
  Die für den aktiven Protonentransport benötigte Energie stammt aus dem Elektronentransport über die Kette von Redoxsystemen.
  Im Thylakoidinnenraum entstehen zusätzlich H^+-Ionen durch die Fotolyse des Wassers, während im Stroma H^+-Ionen bei der Bildung von $NADPH/H^+$ verbraucht werden.
  ⇒ **Konzentrationsgefälle** für die H^+-Ionen (**Protonengradient**) und **Spannungsunterschied:**
    – Stroma: geringe H^+-Ionen-Konzentration und damit Überschuss an negativer Ladung.
    – Thylakoidinnenraum: hohe H^+-Ionen-Konzentration und damit Überschuss an positiver Ladung.
  Der Ausgleich dieses chemischen und elektrischen Potenzials (**elektrochemischer Gradient**) erfolgt über die **ATP-Synthase**. Der Energie liefernde Strom der H^+-Ionen ins Stroma wird zum Aufbau von ATP aus ADP und anorganischem Phosphat genutzt (**chemiosmotische Hypothese** der ATP-Bildung) ⇒ letztendlich wird die Lichtenergie in Form von **ATP** gespeichert.

Reaktionsgleichung der Primärprozesse

$$12\ H_2O + 12\ NADP^+ + 18\ ADP + 18\ P_i \longrightarrow 6\ O_2 + 12\ NADPH/H^+ + 18\ ATP$$

Zyklischer Elektronentransport

Neben dem nichtzyklischen Elektronentransport (vom Wasser zum NADP$^+$) existiert auch ein **zyklischer Elektronentransport** vom Fotosystem I über ein Element (Redoxsystem) der nachgeschalteten Elektronentransportkette zu einem Element der Elektronentransportkette, die sich an das Fotosystem II anschließt, und zurück zum Fotosystem I. Dieser Prozess, der bei **NADP$^+$-Mangel** abläuft, ermöglicht die Aufrechterhaltung der ATP-Synthese, da der Transport von Protonen in den Thylakoidinnenraum gewährleistet ist.

3.2 Sekundärprozesse der Fotosynthese

Die lichtunabhängigen Prozesse der Fotosynthese verlaufen zyklisch **(Calvin-Zyklus)**, wodurch sie ressourcensparend sind. Sie werden in drei Schritte unterteilt:

- **CO$_2$-Fixierungsphase:** Kohlenstoffdioxid wird mithilfe des Enzyms RuBisCO (Ribulose-1,5-bisphosphat-carboxylase) an den Primärakzeptor Ribulose-1,5-bisphosphat (RubP; C$_5$) gebunden. Das entstandene Molekül (C$_6$) zerfällt in 2 Moleküle 3-Phosphoglycerinsäure (PGS; C$_3$).

- **Reduktionsphase:** PGS wird unter Verbrauch von ATP mithilfe von NADPH/H$^+$ reduziert, wobei 3-Phosphoglycerinaldehyd (PGA; C$_3$) und Wasser entstehen. Das freigesetzte NADP$^+$ sowie ADP und P$_i$ fließen in die Primärreaktionen zurück. Aus $1/6$ der entstandenen PGA-Moleküle wird Glucose aufgebaut.

- **Regenerationsphase:** $5/6$ der PGA-Moleküle werden unter weiterem ATP-Verbrauch in Akzeptormoleküle RubP umgewandelt.

Reaktionsgleichung der Sekundärprozesse

$$6\,CO_2 + 12\,NADPH/H^+ + 18\,ATP \longrightarrow C_6H_{12}O_6 + 12\,NADP^+ + 18\,ADP + 18\,P_i + 6\,H_2O$$

3.3 Wichtige Experimente zur Aufklärung der Fotosynthese

- **Hill-Reaktion:** Schlussfolgerung: Die Fotosynthese besteht aus zwei Teilprozessen. Im ersten Teilprozess erfolgt die Sauerstoffbildung aus Wasser, im zweiten die Reduktion von CO$_2$.

- **Isotopenmarkierung mit** ^{18}O, Tracer-Methode (Kamen und Ruben): Schlussfolgerung: Der gesamte bei der Fotosynthese gebildete Sauerstoff stammt aus dem Wasser, nicht aus CO_2 oder aus CO_2 und Wasser $\Rightarrow$ Summengleichung der Fotosynthese muss auf beiden Seiten um 6 Moleküle Wasser erweitert werden.
  Erweiterte Summengleichung der Fotosynthese:
  $$6\,CO_2 + 12\,H_2O \longrightarrow C_6H_{12}O_6 + 6\,O_2 + 6\,H_2O$$
- **Isotopenmarkierung mit** ^{14}C (Calvin): PGS als erstes fassbares Zwischenprodukt der Sekundärreaktionen identifiziert.
- **Identifizierung von RubP** als Akzeptormolekül (Calvin).

3.4 Zusammenspiel von Primär- und Sekundärprozessen

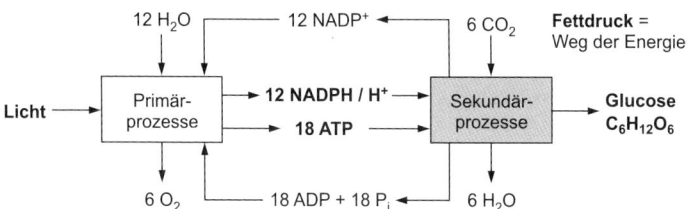

3.5 Abhängigkeit der Fotosynthese von Außenfaktoren

Wellenlänge des Lichts

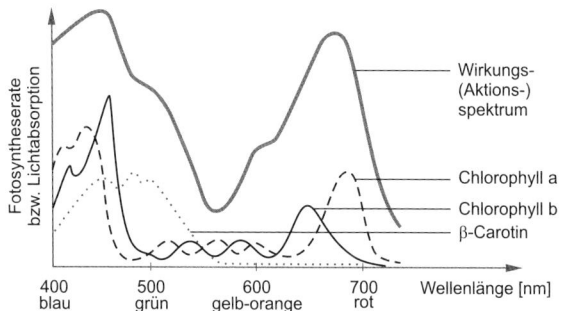

- Absorptionsmaxima bei ca. 450 nm und bei ca. 680 nm
- Absorptionsminimum zwischen 500 und 600 nm („Grünlücke")

Lichtintensität

- **Sonnenpflanzen:**
  - Lichtsättigung erst bei hohen Lichtintensitäten
    $\Rightarrow$ hohe Fotosynthese-leistung
  - Lichtkompensationspunkt bei hoher Lichtintensität
    $\Rightarrow$ Fotosynthese überwiegt Atmung erst bei relativ großer Lichtstärke

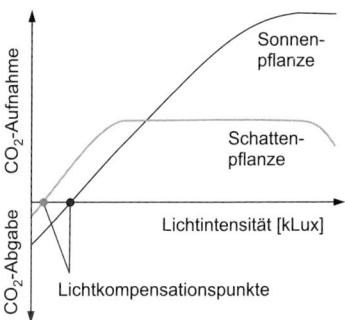

- **Schattenpflanzen:**
  - Lichtsättigung schon bei niedrigen Lichtintensitäten, hohe Licht-intensitäten beeinträchtigen die Fotosynthese
    $\Rightarrow$ geringere Fotosyntheseleistung
  - Lichtkompensationspunkt bei geringer Lichtintensität
    $\Rightarrow$ bereits geringere Lichtstärken können zum Stoffaufbau durch Fotosynthese genutzt werden.

Temperatur

- **Starklichtkurve:** Enzyme der Fotosynthese sind wie alle Proteine temperaturabhängig (Temperatur als begrenzender Faktor). Mit zunehmender Temperatur steigt die Fotosyntheseleistung (RGT-Regel), bis zu hohe Temperaturen die Enzymproteine inaktivieren.

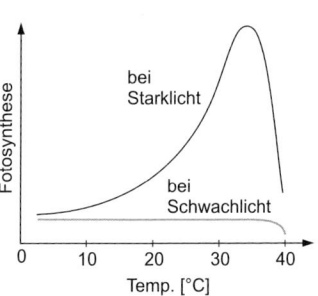

- **Schwachlichtkurve:** Bei minimalen Lichtstärken (Licht als begrenzender Faktor) können die Primärprozesse und die nachgeschalteten Sekundärprozesse nur in sehr geringem Umfang ablaufen. Da die Lichtreaktionen weitgehend temperaturunabhängig sind, steigt die Fotosyntheseleistung nicht an.

$\Rightarrow$ Hinweis darauf, dass sich die Fotosynthese aus zwei voneinander abhängigen Teilprozessen zusammensetzt.

CO$_2$-Konzentration

Der CO$_2$-Gehalt der
Atmosphäre liegt mit
0,038 % **unterhalb** des
Optimums für die Fo-
tosynthese.

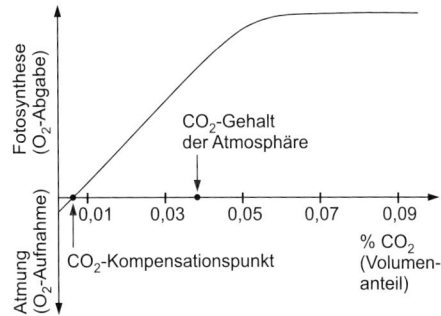

3.6 Varianten der Fotosynthese

- **C$_3$-Pflanzen:** ursprüngli-
  cher CO$_2$-Fixierungsmecha-
  nismus; Anpassung an
  Standorte ohne Wassermangel; z. B. Weizen
- **C$_4$-Pflanzen:** Anpassung an
  trockene, heiße Standorte:
  CO$_2$-Speicherung (Meso-
  phyllzellen) und CO$_2$-Ver-
  arbeitung (Leitbündelschei-
  denzellen) in unterschiedlichen Geweben ⇒ hohe
  Effektivität der CO$_2$-Fixierung sogar bei geschlossenen Spaltöff-
  nungen; z. B. Mais
- **CAM-Pflanzen:** Anpassung
  an trockene, heiße Standorte: CO$_2$-Aufnahme und
  Speicherung nachts und
  Verarbeitung am Tag bei
  geschlossenen Stomata;
  z. B. Ananas

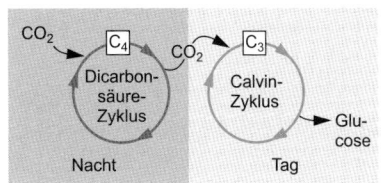

4 Dissimilationsprozesse

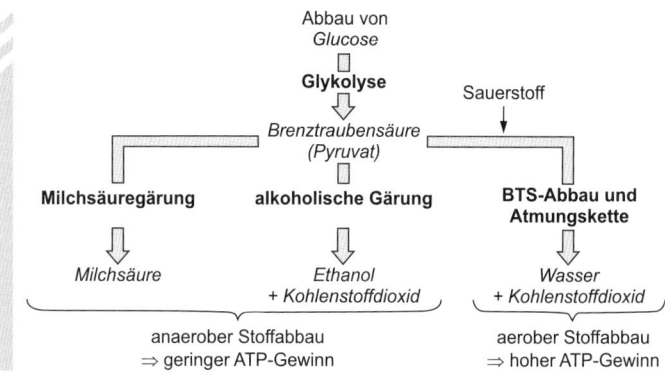

4.1 Glykolyse

Ort: Im Zytoplasma von tierischen und pflanzlichen Zellen.

Wesentliche Vorgänge:

- **Spaltung** der Glucose (C_6) und (über Zwischenprodukte PGA und PGS; C_3) Umwandlung in 2 Moleküle Brenztraubensäure (BTS; auch: Pyruvat; C_3).

- **Oxidation** des Zwischenprodukts PGA zu PGS:
  Übertragung der abgegebenen Elektronen und H^+-Ionen auf das Oxidationsmittel NAD^+ $\Rightarrow$ Bildung von energiereichem $NADH/H^+$.
  Übertragung der freiwerdenden Energie auf ADP $\Rightarrow$ Bildung von energiereichem ATP.

Reaktionsgleichung der Glykolyse:

$$C_6H_{12}O_6 + 2\ NAD^+ + 2\ ADP + 2\ P_i \longrightarrow 2\ C_2H_4O_3 + 2\ NADH/H^+ + 2\ ATP$$

Brenztrau-
bensäure

4.2 Milchsäuregärung und alkoholische Gärung

Prinzip der Gärungen: Regeneration des Oxidationsmittels NAD^+, damit Glykolyse weiterlaufen und ATP gewonnen werden kann.

- **Milchsäuregärung:** NADH/H$^+$ reagiert direkt mit Brenztraubensäure unter Bildung von Milchsäure und NAD$^+$.
  Reaktionsgleichung der Milchsäuregärung (einschl. Glykolyse):

  $$C_6H_{12}O_6 \ + \ 2\,ADP \ + \ 2\,P_i \longrightarrow 2\,C_3H_6O_3 \ + \ 2\,ATP$$
  Milchsäure

  Vorkommen der Milchsäuregärung:
  - Milchsäurebakterien $\rightarrow$ Sauermilchprodukte, Sauerkraut, Sauerteig
  - Skelettmuskeln der Säugetiere bei Sauerstoffmangel

- **Alkoholische Gärung:** Zunächst wird CO_2 von Brenztraubensäure abgespalten. Dabei entsteht Ethanal, das mit NADH/H$^+$ zu Ethanol und NAD$^+$ reagiert.
  Reaktionsgleichung der alkoholischen Gärung (einschl. Glykolyse):

  $$C_6H_{12}O_6 \ + \ 2\,ADP \ + \ 2\,P_i \longrightarrow 2\,C_2H_5OH \ + \ 2\,CO_2 \ + \ 2\,ATP$$
  Ethanol

  Vorkommen der alkoholischen Gärung:
  Hefepilze unter anaeroben Bedingungen $\rightarrow$ Bier, Wein, Backwaren, Treibstoff, Industriealkohol, Lösungsmittel

ATP-Bilanz der Gärungsvorgänge: 2 mol ATP pro 1 mol Glucose (Endprodukte relativ energiereich) $\Rightarrow$ Wirkungsgrad nur 2 %.

4.3 BTS-Abbau und Atmungskette

Der vollständige Abbau der Brenztraubensäure (BTS) aus der Glykolyse erfolgt in den Mitochondrien und wird unterteilt in:
- **Oxidative Decarboxylierung:** In der Mitochondrienmatrix; Abspaltung von CO_2 von der BTS und Bildung von aktivierter Essigsäure unter Reduktion von NAD$^+$ zu NADH/H$^+$.

  Reaktionsgleichung:

  $$C_3H_4O_3 + NAD^+ + CoA\text{-}SH \longrightarrow C_2H_3O\text{-}S\text{-}CoA + NADH/H^+ + CO_2$$
  BTS   Coenzym A   aktivierte
Essigsäure

- **Citratzyklus (Zitronensäurezyklus):** In der Mitochondrienmatrix; vollständiger Abbau der aktivierten Essigsäure zu CO_2 unter Reduktion von NAD$^+$ und FAD sowie Regeneration des Coenzyms A (CoA-SH).

Reaktionsgleichung:

$C_2H_3O\text{-S-CoA} + FAD + 3\ NAD^+ + ADP + P_i + 3\ H_2O \longrightarrow$
$2\ CO_2 + FADH_2 + 3\ NADH/H^+ + CoA\text{-SH} + ATP$

- **Atmungskette:** an/in der inneren Mitochondrienmembran.
  - Regeneration von NAD^+ und FAD durch Übertragung der Elektronen und Protonen von $NADH/H^+$ und $FADH_2$ auf O_2
  - Transfer der Elektronen über eine **Elektronentransportkette**, die an/in der inneren Mitochondrienmembran lokalisiert sind.
  - Aufbau eines **Protonengradienten** durch Transfer von Protonen in den Intermembranraum mithilfe der Elektronentransportkette. Die für den aktiven Protonentransport benötigte Energie stammt aus dem Elektronentransport über die Kette von **Redoxsystemen**.
    - Intermembranraum: hohe H^+-Konzentration und damit Überschuss an positiver Ladung.
    - Matrix: geringe H^+-Konzentration und Überschuss an negativer Ladung, verstärkt durch H_2O-Bildung.
    - $\Rightarrow$ **elektrochemischer Gradient** (siehe auch S. 11).
  - **chemiosmotische Bildung von ATP** durch Rückstrom der Protonen entlang des elektrochemischen Gradienten in die Matrix durch eine ATP-Synthase (siehe auch S. 11).

Reaktionsgleichung:

$10\ NADH/H^+ + 2\ FADH_2 + 6\ O_2 + 34\ ADP + 34\ P_i \longrightarrow$
$10\ NAD^+ + 2\ FAD + 12\ H_2O + 34\ ATP$

4.4 Aerobe Glucosedissimilation (Zellatmung) im Überblick

- **Teilprozesse:** Glykolyse $\rightarrow$ oxidative Decarboxylierung $\rightarrow$ Citratzyklus $\rightarrow$ Atmungskette
- **Summengleichung:**

  $C_6H_{12}O_6 + 6\ O_2 + 6\ H_2O + 38\ ADP + 38\ P_i \longrightarrow 6\ CO_2 + 12\ H_2O + 38\ ATP$

- **ATP-Bilanz der Zellatmung:**
  38 mol ATP pro 1 mol Glucose $\Rightarrow$ Wirkungsgrad von ca. 38 %

4.5 Regulation der Zellatmung

Reaktion auf Veränderungen des Sauerstoffangebots

- **Bei Sauerstoffmangel:** niedriger ATP-Spiegel $\Rightarrow$ erhöhter Glucoseverbrauch durch verstärkte Glykolyse (Pasteur-Effekt) zur Deckung des ATP-Bedarfs, da Atmungskette nicht funktioniert $\Rightarrow$ Überschuss an NADH/H$^+$ bzw. Mangel an NAD$^+$.
  Auswirkungen auf die Folgereaktionen der Brenztraubensäure:
  - Allosterische Hemmung der BTS-Dehydrogenase durch im Überschuss vorhandenes NADH/H$^+$ $\Rightarrow$ Keine Umwandlung von BTS in AcetylCoA. Stattdessen: Umwandlung von BTS mittels Lactat-Dehydrogenase in Lactat unter Verbrauch von NADH/H$^+$ $\Rightarrow$ Regeneration von NAD$^+$.
  - Umwandlung von BTS durch BTS-Carboxylase zu Oxalacetat $\Rightarrow$ Start der körpereigenen Glucoseproduktion (Gluconeogenese).
- **Kein Sauerstoffmangel:** hoher ATP-Spiegel $\Rightarrow$ allosterische Hemmung der Phosphofructokinase durch ATP $\Rightarrow$ keine Phosphorylierung von Fructose-6-phosphat $\Rightarrow$ Einschränkung der Glykolyse.

Proximate und ultimate Ursachen am Beispiel der Regulation der Zellatmung

- **Proximate Ursachen:** Wirkursachen (Wie kommt es zu einem bestimmten Sachverhalt?); unmittelbare Ursachen eines Merkmals oder einer Verhaltensweise, innere Bedingungen (physiologische Zusammenhänge, Hormonwirkung, genetische Veranlagung etc.) und äußere Reize.

 Eine proximate Ursache für die Regulation der Zellatmung liegt in der Hemmung der BTS-Dehydrogenase durch hohe NADH/H$^+$-Konzentrationen.

- **Ultimate Ursachen:** Zweckursachen (Wozu kommt es zu einem bestimmten Sachverhalt?); liefern Erklärungen für den (evolutionären) Nutzen oder Wert (Angepasstheit) eines Merkmals oder einer Verhaltensweise für das Individuum.

 Eine ultimate Ursache für die Regulation der Zellatmung liegt darin, dass es für das Individuum vorteilhaft ist, auf Veränderungen des Sauerstoffangebots flexibel reagieren zu können.

Genetik

5 Molekulargenetik und Regulation der Genaktivität

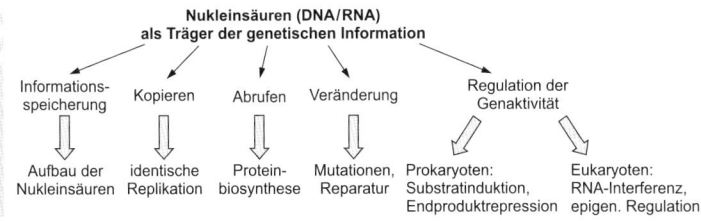

Molekulargenetik: Genetik auf molekularer und biochemischer Ebene.

5.1 Aufbau von Nukleinsäuren

	Zucker	**Phosphatrest**	**organische Basen**
DNA	Desoxyribose (D)	✓	Adenin (A), Guanin (G), Cytosin (C), Thymin (T)
RNA	Ribose (R)	✓	A, G, C, Uracil (U)

Nukleotid: Einheit aus Zuckermolekül, Phosphatrest und Base.

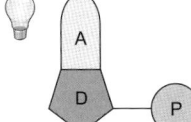

Schematische Darstellung des Adeninnukleotids der DNA (Desoxyadenosinmonophosphat)

Polynukleotidstrang: Viele Nukleotide (Monomere) zu einer langen Kette (Polymer) verknüpft.

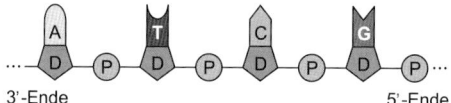

Ausschnitt aus einem
DNA-Einzelstrang in
schematischer Darstel-
lung

3'-Ende   5'-Ende

Der Polynukleotidstrang weist eine bestimmte Richtung (Polarität) auf:
• 3'-Ende: Zuckermolekül
• 5'-Ende: Phosphatrest

In der **Abfolge der Basen** eines Polynukleotidstrangs ist die genetische
Information gespeichert ⇒ **genetischer Code**.
Der genetische Code ist …
• ein Triplettcode: Immer drei Nukleotide codieren eine Aminosäure.
• kommafrei: Keine Trennzeichen am Anfang oder Ende eines Tripletts.
• überlappungsfrei: Keine Überschneidungen zwischen den Tripletts.
• degeneriert: Mehrere Tripletts codieren die gleiche Aminosäure.
• universell: Bei fast allen Organismen identisch.

Struktur der DNA

Zwei Polynukleotidstränge sind zu einem schraubig gewundenen Doppelstrang verbunden ⇒ **Doppelhelix**. Zwei Ketten aus Desoxyribose
und Phosphatresten bilden die Holme einer gewundenen Leiter, deren
Sprossen von den Basen gebildet werden. Die **komplementäre Basenpaarung** durch **Wasserstoffbrückenbindungen** erfolgt nur zwischen A und T sowie zwischen C und G. Aus den Bindungsverhältnis-
sen ergibt sich zwangsläufig eine gegenläufige Polarität (Antiparalleli-
tät) der Stränge.

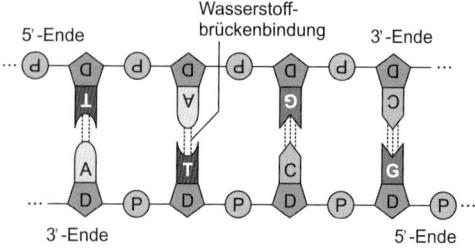

Ausschnitt aus einem
DNA-Doppelstrang in
schematischer Darstel-
lung

Struktur der RNA

RNA-Moleküle …

- sind viel kürzer als DNA-Moleküle.
- liegen als **Einzelstränge** vor.
- können sich abschnittsweise mit sich selbst paaren ⇒ schlaufenartige Sekundärstrukturen (z. B. Kleeblattstruktur der tRNA, S. 25).
- enthalten die Base **Uracil (U)** statt der Base Thymin.

5.2 Identische Replikation zur Vervielfältigung der DNA

Semikonservativer Mechanismus der Replikation: Der DNA-Doppelstrang teilt sich reißverschlussartig in zwei Längshälften, die jeweils mit Nukleotiden zu zwei DNA-Doppelsträngen ergänzt werden ⇒ In den neu gebildeten DNA-Strängen bleibt jeweils die Hälfte („semi") der Ausgangs-DNA erhalten („konserviert").

Den experimentellen Beweis des semikonservativen Replikationsmechanismus erbrachten die Wissenschaftler MESELSON und STAHL.

Molekularer Mechanismus der Replikation:

- Enzym **Helicase** entwindet DNA und trennt sie in Einzelstränge auf.

- In Replikationsgabel angelagerte Proteine verhindern, dass sich die Einzelstränge wieder verbinden.

- Enzym **DNA-Polymerase** synthetisiert, von **Primern** ausgehend, neue Einzelstränge mit DNA-Nukleotiden aus dem Zellplasma entsprechend der komplementären Basenpaarung.

- DNA-Polymerase kann neuen Einzelstrang nur in 5' → 3'-Richtung synthetisieren ⇒ Die Ergänzung des Leitstrangs erfolgt kontinuierlich, die des Folgestrangs diskontinuierlich, d. h. in Abschnitten **(Okazaki-Fragmente)**.

- Abschnitte werden durch **Ligasen** verknüpft.

5.3 Proteinbiosynthese

Die Realisierung der genetischen Information erfolgt in zwei Schritten:
- **Transkription:** Übertragung der Basensequenz der Gene (DNA-Abschnitte) in die Basensequenz einer Boten-Nukleinsäure ⇒ **messenger-RNA (mRNA)**.
- **Translation:** Übersetzung der Basensequenz der mRNA in die Aminosäuresequenz eines Polypeptids (Protein).

Transkription

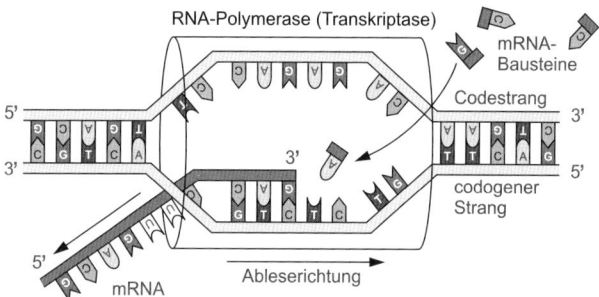

- **RNA-Polymerase** (Transkriptase) erkennt **Promotor** (Startstelle am Anfang des Gens) und heftet sich dort an DNA an.
- RNA-Polymerase entwindet und öffnet DNA-Doppelstrang.
- **Codogener Strang** wird vom 3'- zum 5'-Ende abgelesen.
- RNA-Nukleotide lagern sich entsprechend der komplementären Basenpaarung an codogenen Strang an. Mit Adenin paart sich Uracil (statt Thymin).
- Verknüpfung der RNA-Nukleotide erfolgt in 5' → 3'-Richtung.
- Wenn RNA-Polymerase **Stoppstelle (Terminator)** am Ende des Gens erreicht, löst sie sich von DNA und gibt mRNA frei.

Translation

- **Ribosom** (kleine und große Untereinheit) heftet sich an 5'-Ende der mRNA an (Startcodon, AUG oder GUG) und wandert in 5' → 3'-Richtung die mRNA entlang.

- Basentripletts der mRNA **(Codons)** werden von **transfer-RNA-Molekülen (tRNAs)** aus dem Zellplasma abgelesen. Jede tRNA weist ein spezifisches **Anticodon** auf und hat eine dazu passende Aminosäure gebunden.
- Wenn im Inneren eines Ribosoms (A- und P-Stelle) zwei tRNAs mit ihren Anticodons entsprechend der komplementären Basenpaarung an die Codons angelagert sind, werden die transportierten Aminosäuren durch eine **Peptidbindung** verbunden.
- Ribosom rutscht um ein Codon in 3'-Richtung weiter. Dem 5'-Ende nähere tRNA löst sich von ihrer Aminosäure ab und wird freigesetzt.
- An neues im Ribosom (A-Stelle) liegendes Codon lagert sich passende tRNA an usw., bis **Stoppcodon** (z. B. UAA) erreicht ist.
- Fertige Polypeptidkette (Protein) wird freigesetzt, Ribosom löst sich von mRNA.

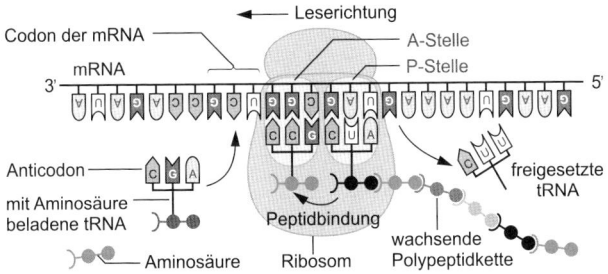

Nachvollziehen der Zuordnung der mRNA-Codons zu den entsprechenden Aminosäuren über **Code-Sonne** oder **Code-Tabelle** möglich.

 Code-Sonne: Leserichtung von innen (5') nach außen (3')

Ablesebeispiel:

DNA (codogen) 3'... TAC TGA AGC ...5'

mRNA   5'... AUG ACU UCG ...3'

Aminosäuren   – Met – Thr – Ser –

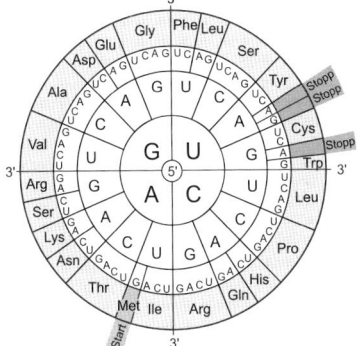

Proteinbiosynthese bei Eukaryoten

- Eukaryotengene setzen sich aus **Exons** (kodierende Abschnitte) und **Introns** (nicht kodierende Abschnitte) zusammen (Mosaikgene).
- Bei der Transkription entstehende prä-mRNA muss **Reifungsprozess (Prozessierung)** zur fertigen mRNA durchlaufen. Dabei werden Intronabschnitte der prä-mRNA herausgeschnitten **(Spleißen)**.
- Durch **alternatives Spleißen** können mehrere verschiedene mRNA-Moleküle gebildet werden ⇒ Entstehung verschiedener Proteine.

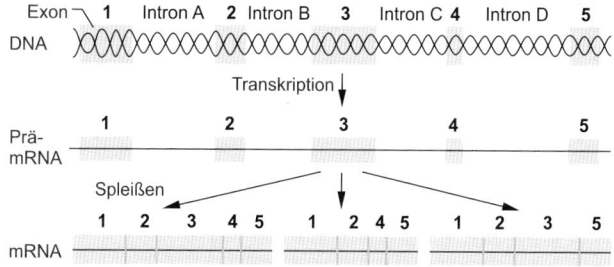

5.4 Mutationen und ihre Auswirkungen

Mutation: Nicht zielgerichtete, dauerhafte Veränderung des Erbguts.
- **Spontanmutation:** Plötzlich und ohne äußere Ursachen eintretende Mutation (z. B. Replikationsfehler).
- **Induzierte Mutation:** Durch Chemikalien oder energiereiche Strahlung (z. B. UV-, Röntgen-, γ-Strahlen) ausgelöste Mutation.

Arten von Mutationen und ihre Folgen

- **Genommutationen** (numerische Chromosomenaberrationen) verändern die Anzahl der Chromosomen pro Zelle:
  - **Aneuploidie:** Durch Nondisjunction eines homologen Chromosomen- oder eines Schwesterchromatidenpaares während der Meiose kann es zu einzelnen fehlenden (z. B. nur ein X-Chromosom ⇒ Turner-Syndrom) oder überzähligen Chromosomen (z. B. XXY ⇒ Klinefelter-Syndrom; Trisomie 21) kommen.

- **Polyploidie:** Wird der gesamte Chromosomensatz im Laufe der Meiose nicht reduziert, so führt dies bei der Befruchtung zu Zygoten mit mehr als zwei kompletten Chromosomensätzen.
- **Chromosomenmutationen** (strukturelle Chromosomenaberrationen) führen zu veränderter Chromosomenstruktur:
  - **Deletion:** Verlust eines Chromosomenstücks
  - **Translokation:** Umlagerung eines Chromosomenstücks auf ein anderes Chromosom
  - **Inversion:** Umkehrung einer Basensequenz innerhalb eines Chromosoms
  - **Duplikation:** Verdopplung von Chromosomenabschnitten
- **Genmutationen** betreffen die Basensequenz der DNA:
  - **Punktmutation:** Austausch einer Base durch eine andere Base; Wenn im codierenden Bereich der DNA ⇒ Einbau falscher Aminosäure bei der Translation (**Missense-Mutation**) oder Entstehung eines Stoppcodons in der mRNA und damit verfrühter Abbruch der Translation (**Nonsense-Mutation**) möglich.
    Ohne Folgen: Punktmutationen, die aufgrund der Redundanz des genetischen Codes den Einbau der gleichen Aminosäure nach sich ziehen (**stumme Mutation**) oder die sich in nicht codierenden DNA-Regionen ereignen.
  - **Rastermutation:** Einschub oder Verlust einer Base führt zu Verschiebung des Leserasters ⇒ falsche Aminsosäuresequenz oder Stoppcodon bei der Proteinbiosynthese.

5.5 Regulation der Genaktivität

Konstitutive Gene werden laufend transkribiert, da sie für ständig gebrauchte Enzyme und Strukturproteine in einer Zelle codieren. Gene, deren Produkte nur unter bestimmten Bedingungen oder in bestimmten Entwicklungsphasen benötigt werden, werden je nach Bedarf „an-" oder „abgeschaltet" ⇒ **regulierte Gene**.

Genregulation bei Prokaryoten

Das **Operon-Modell** (JACOB / MONOD) beschreibt die Genregulation:

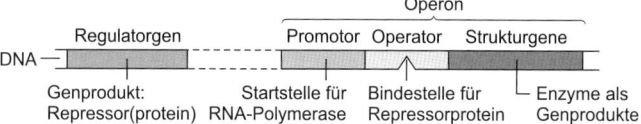

- **Genregulation durch Substratinduktion:**
  Das **aktive** Repressorprotein verhindert, am Operator gebunden, die Gentranskription; vorhandenes Substrat inaktiviert den Repressor ⇒ Transkription der Strukturgene und Substratabbau durch Enzyme.

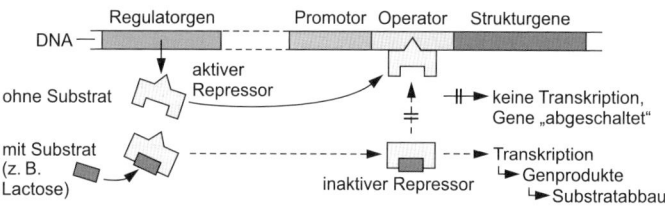

- **Genregulation durch Endproduktrepression:**
  Das **inaktive** Repressorprotein lässt die Gentranskription zu; das mithilfe des Genprodukts gebildete Endprodukt aktiviert den Repressor, der am Operator bindet ⇒ Stopp der Transkription.

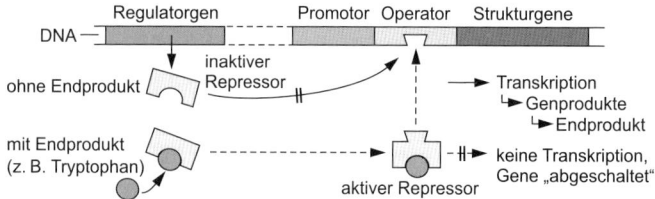

Genregulation bei Eukaryoten

Bindung von **Transkriptionsfaktoren** (regulatorische Proteine) an die **regulatorische DNA-Sequenz** und Bereiche in der Promotorregion ⇒ Einheit aus Transkriptionsfaktoren und Promotor unter Schlaufenbildung der DNA ⇒ RNA-Polymerase kann korrekt an Promotor binden und den DNA-Doppelstrang öffnen.

Regulatorische DNA-Sequenzen üben entweder verstärkende (**En-hancer-Bereiche**) oder hemmende Wirkung (**Silencer-Bereiche**) auf die Transkription aus

Differenzielle Genaktivität

Bei vielzelligen Organismen erfolgt eine Entwicklung von unspezialisierten zu spezialisierten Zellen (**Zelldifferenzierung**). Dazu werden in den jeweiligen Zellen diejenigen regulierten Gene aktiviert bzw. deaktiviert, die für die charakteristische Funktion benötigt bzw. nicht benötigt werden. Diese **differenzielle Genaktivität** wird durch spezifische Signalstoffe (z. B. Hormone, Wachstumsfaktoren) gesteuert.

- **Genregulation durch RNA-Interferenz (RNAi):**
  - Bildung von antisense-RNA (komplementär zur mRNA des zu regulierenden Gens) durch Transkription im Zellkern → Zusammenlagerung zu **dsRNA** (doppelsträngige RNA) mit mRNA des zu regulierenden Gens im Cytoplasma.
  - Zerlegung der dsRNA in **siRNA** (small interfering RNA) durch **Dicer-Enzyme**.
  - **Argonauten-Proteine** binden siRNA, nur einer der beiden RNA-Stränge (Leitstrang) bleibt am Protein gebunden; weiterer Proteinkomplex lagert sich an → Bildung des **RISC** (RNA-induced silencing complex).
  - RISC bindet an weitere im Cytoplasma vorliegende mRNA des zu regulierenden Gens ⇒ Spaltung der mRNA und Abbau der Spaltstücke ⇒ keine Translation mehr möglich ⇒ „Stummschaltung" des Gens

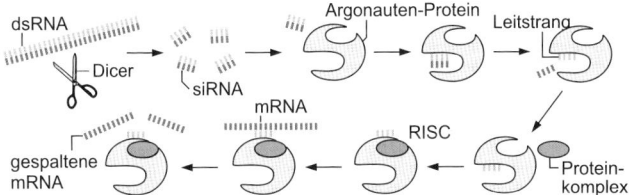

- **Epigenetische Regulation:** Vererbbare Veränderung der Genaktivität, die zu dauerhaftem, reversiblem An- und Abschalten der Aktivität einzelner Gene führt.

Methylierung von Cytosin-Basen ⇒ Anbindung spezifischer Proteine, die der RNA-Polymerase den Weg zu nachfolgenden Strukturen versperren ⇒ Keine Transkription mehr möglich. Durch Demethylierung wird die Transkription wieder ermöglicht.

Methylierungsmuster können bei Zellteilungen erhalten bleiben ⇒ Tochterzellen mit gleicher Aktivität einzelner Gene.

6 Arbeitsmethoden

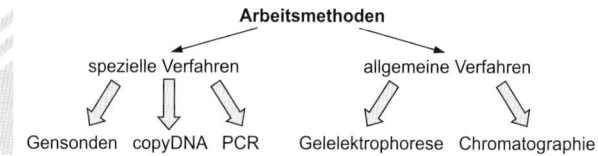

6.1 Spezielle Verfahren

Gensonden

- **Ziel:** Auffinden eines bestimmten Gens im Genom.
- **Voraussetzung:** Zumindest ein kleiner Teil der Basensequenz des Gens muss bekannt sein.
- **Vorgehen:** Herstellung kurzer einsträngiger DNA- (oder RNA-) Stücke, die zur bekannten Basensequenz komplementär sind ⇒ können sich an das gesuchte Gen anlagern (hybridisieren). Die **Gensonden** sind zur Identifizierung radioaktiv oder mit Fluoreszenzfarbstoff markiert.

Herstellung von copy-DNA (cDNA) aus mRNA

- **Ziel:** Gewinnung von **cDNA**, die beispielsweise als Gensonde (siehe unten) verwendet werden kann.
- **Vorgehen:** Aus Zellen, in denen das gewünschte Gen gerade abgelesen wird, lässt sich die reife mRNA als Produkt von Transkription und Prozessierung gewinnen. Das Enzym **reverse Transkriptase**

ergänzt diese mRNA zu einem RNA-DNA-Hybrid-Doppelstrang.
Der RNA-Anteil wird im nächsten Schritt enzymatisch abgebaut.
Anschließend wird der nun vorliegende DNA-Einzelstrang mithilfe
der **DNA-Polymerase** zum Doppelstrang aufgebaut.

 Da cDNA nur noch codierende (Exon-)Sequenzen aufweist, eignet sie
sich gut, um eukaryotische Gene, z. B. das menschliche Insulingen, in
Bakterien einzubringen, da diese nicht fähig sind, Introns zu entfer-
nen.

DNA-Microarray

- **Ziel:** Auffinden der in einem Organismus an einem bestimmten Ort
  zu einer bestimmten Zeit exprimierten Gene („aktive" Gene).
- **Vorgehen:** Die einzelnen Felder eines **Genchips** (= Trägerplättchen
  mit Vielzahl an regelmäßigen Feldern) werden systematisch mit
  Gensonden bestückt. Dabei handelt es sich um einzelsträngige Ko-
  pien von infrage kommenden Genen. Aus dem zu testenden Gewebe
  wird die mRNA gewonnen, in einzelsträngige **cDNA** umgeschrie-
  ben (siehe oben) und mit einem Fluoreszenzfarbstoff markiert →
  Hybridisierung komplementärer Abschnitte von Gensonden und
  cDNA; nicht gebundene cDNA wird abgespült → Durch computer-
  gestützte Auswertung der Lichtsignale werden die im Testgewebe
  aktiven Gene ermittelt.

Polymerase-Kettenreaktion (PCR)

- **Ziel:** Vervielfältigung von DNA.
- **Vorgehen:** Der Versuchsansatz enthält die zu vervielfältigende
  doppelsträngige DNA, hitzebeständige **DNA-Polymerase (Taq-
  Polymerase)**, die vier **Nukleotide** der DNA in größerer Menge und
  spezifische **Primer** (Startpunkte für DNA-Polymerase).
  - **Denaturierung:** Bei ca. 94 °C; Zerlegung der DNA in Einzel-
    stränge.
  - **Hybridisierung:** Bei 50–70 °C; Anlagerung der Primer an das 3'-
    Ende der DNA-Einzelstränge.
  - **Amplifikation:** Bei ca. 70 °C; Synthese der komplementären
    Stränge durch die DNA-Polymerase, ausgehend von den Primern.
  Die drei Schritte werden bis zu 40 Mal wiederholt.

6.2 Allgemeine Verfahren

Gelelektrophorese

- **Ziel:** Trennung unterschiedlicher Moleküle einer Lösung.
- **Vorgehen:** Ein **Gel** (molekularer Filter) wird mit den in Lösung enthaltenen Molekülen (z. B. Proteine, DNA) befüllt und unter Gleichspannung gesetzt. Abhängig von Ladung, Größe und Gestalt wandern die Moleküle unterschiedlich schnell durch das Gel. Negativ geladene Moleküle (z. B. DNA) bewegen sich von der **Kathode** (Minus-Pol) zur **Anode** (Plus-Pol). Visualisierung der Moleküle durch radioaktive oder Fluoreszenzfarbstoff-Markierung ⇒ spezifische **Bandenmuster**.

Chromatographie

- **Ziel:** Trennung von gelösten Stoffgemischen.
- **Vorgehen:** Das Stoffgemisch wird auf ein Trägermaterial (z. B. Kieselgel, Papier) aufgetragen, das anschließend in ein Laufmittel in einer Chromatographie-Kammer eintaucht. Aufgrund von Adhäsions- und Kohäsionskräften bewegt sich das Laufmittel über das Trägermaterial und nimmt dabei die Bestandteile des Stoffgemischs mit. Die jeweilige Laufstrecke der einzelnen Bestandteile ist abhängig von deren Haftung am Trägermaterial sowie von der Löslichkeit im Laufmittel.

Ökologie

Die **Ökologie** ist der Teilbereich der Biologie, der sich mit den **Wechselwirkungen** zwischen der belebten und der unbelebten Umwelt und den gegenseitigen **Beeinflussungen** der Organismen untereinander beschäftigt.

7 Wechselbeziehungen zwischen Lebewesen und ihrer Umwelt

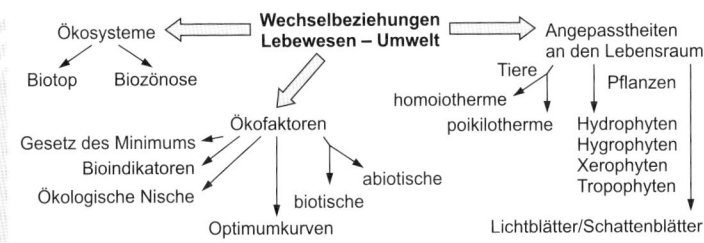

7.1 Allgemeiner Aufbau eines Ökosystems

Ökosysteme ...

- sind offene, bis zu einem gewissen Grad zur Selbstregulation fähige Systeme,
- bestehen aus der anorganischen (unbelebten) Umwelt (= **Biotop**) und
- allen darin lebenden Organismen (= **Biozönose**).

7.2 Ökofaktoren

Abiotische und biotische Faktoren

Die Biozönose ist unterschiedlichen Einflüssen ausgesetzt:

- **abiotische Ökofaktoren (Umweltfaktoren):** alle Einflüsse der unbelebten Umwelt

  Klima (Sonneneinstrahlung, Niederschlagsmenge etc.), Bodenfaktoren

- **biotische Ökofaktoren (Umweltfaktoren):** alle Wechselbeziehungen der Mitglieder der Biozönose untereinander

  Nahrungsangebot, Fressfeinde, Stoffaustausch, Arbeitsteilung, inter- und intraspezifische Konkurrenz

Optimumkurven

Anhand einer **Optimumkurve (Toleranzkurve)** kann die Reaktion von Lebewesen einer Art auf die unterschiedliche Ausprägung eines variablen Ökofaktors dargestellt werden.

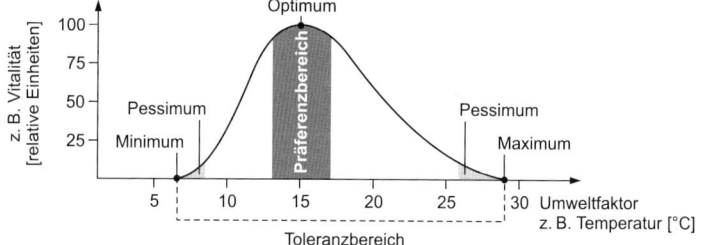

- **Optimum:** Optimaler Wert des Ökofaktors ⇒ maximale Vitalität.
- **Minimum:** Wert des Ökofaktors, unterhalb dessen keine Vitalität mehr messbar ist (Tod).
- **Maximum:** Wert des Ökofaktors, oberhalb dessen keine Vitalität mehr messbar ist (Tod).
- **Toleranzbereich:** Spanne des Ökofaktors, innerhalb der die Individuen einer Art existieren können.
- **Präferenzbereich:** Spanne des Ökofaktors, die die Individuen einer Art bevorzugen.
- **Pessima:** Randbereiche der Toleranzspanne, in der die Individuen einer Art zwar überleben, sich aber nicht mehr fortpflanzen können.

Physiologische und ökologische Potenz

- **physiologische Potenz:** Toleranzbereich unter konkurrenzfreien Bedingungen (z. B. im Labor)
- **ökologische Potenz:** Toleranzbereich unter natürlichen Konkurrenzbedingungen

Gesetz des Minimums

Unter natürlichen Bedingungen bestimmt der Ökofaktor die Vitalität einer Population, der im **Minimum** vorliegt.

Bioindikatoren

Bioindikatoren (Zeigerorganismen) sind Arten mit einer engen ökologischen Potenz bezüglich eines abiotischen Ökofaktors bzw. mehrerer abiotischer Ökofaktoren. Ihr Vorkommen oder ihr Fehlen lässt also Rückschlüsse auf den Zustand eines Ökosystems zu.

 Bestimmte Wasserlebewesen dienen zur Bestimmung der Gewässergüteklassen (Saprobienindex).

Das Konzept der ökologischen Nische

Vertreter verschiedener Arten können nur dann dauerhaft gemeinsam in einem Ökosystem existieren, wenn sie sich in ihrer **ökologischen Nische**, also der Gesamtheit der biotischen und abiotischen Umweltfaktoren, die von einer Art beansprucht werden, unterscheiden (**Konkurrenzauschlussprinzip**, siehe S. 41).

7.3 Angepasstheiten an den Lebensraum

Tiere

- **Poikilotherme** (= Wechselwarme, Thermokonforme): Die Körpertemperatur kann nur über thermoregulatorische Verhaltensweisen beeinflusst werden, wie z. B. Sonnenbaden und Muskelaktivität („Flügelzittern").
  Pessima der Temperaturtoleranzkurve $\Rightarrow$ Kälte- oder Hitzestarre

- **Homoiotherme** (= Gleichwarme, Thermoregulierer): Vögel und Säugetiere können ihre Körpertemperatur relativ unabhängig von der Umgebungstemperatur konstant halten. Dazu …
  - besitzen sie ein präzise arbeitendes System zur Steuerung der Temperaturregulation (Thermosensoren, Regelzentrum).
  - nutzen sie Stoffwechselwärme oder erzeugen diese sogar aktiv (z. B. durch Muskelzittern).
  - weisen sie isolierende Körperbedeckungen (Fell, Federn), wärmedämmendes Fettgewebe in der Unterhaut, einen leistungsfähigen Blutkreislauf zum Wärmetransport sowie Einrichtungen bzw. Verhaltensweisen zur Wärmeabgabe und Kühlung (Schweißabsonderung über Schweißdrüsen, Hecheln) auf.

  Weitere Angepasstheiten:
  - **Winterschlaf** mit abgesenkter Körpertemperatur ⇒ stark verminderter Energieumsatz.
  - Im Verhältnis zur Körperoberfläche großes Körpervolumen bei Arten in kalten Regionen im Vergleich zu nahe verwandten Arten in warmen Regionen (**Bergmannsche Regel**).
  - Längere Körperanhänge (Ohren, Extremitäten, Schwänze) bei Arten in warmen Gebieten im Vergleich zu nahe verwandten Arten in kalten Regionen (**Allensche Regel**).

Homöostase:

Fähigkeit von Organismen, durch Regelungsvorgänge bestimmte innere Bedingungen unabhängig von Schwankungen der Umwelt und von körperinternen Störfaktoren innerhalb gewisser Grenzen konstant zu halten. In diese Regelungen sind immer Steuerungsprozesse eingebettet, die die inneren Bedingungen, die durch negative oder positive Rückkopplung auf sich selbst zurückwirken, gerichtet beeinflussen.

 Konstanthaltung der Körpertemperatur bei gleichwarmen Tieren z. B trotz hoher Außentemperaturen oder starker körpereigener Wärmeproduktion durch schwere körperliche Arbeit.

Pflanzen

Angepasstheiten an den **Standort:**
- **Hydrophyten** (Wasserpflanzen): Aquatische Standorte ⇒ morpho-

logische Angepasstheiten, die die Stoffaufnahme aus dem Wasser erleichtern (z. B. verzweigte, dünne Blätter mit dünnwandiger Epidermis bei Unterwasserpflanzen) und allgemein die Existenz im Medium Wasser ermöglichen (z. B. luftgefüllte Hohlräume in Blättern und Spross für den Auftrieb).

- **Hygrophyten** (Feuchtpflanzen): Standorte mit hoher Luftfeuchte ⇒ morphologische Angepasstheiten, die die Transpiration erleichtern (z. B. großflächige, dünne Blätter, oft mit lebenden Haaren, emporgehobene Stomata ⇒ Oberflächenvergrößerung).
- **Xerophyten** (xeromorphe Pflanzen; Trockenpflanzen) und **Sukkulenten** (Wasserspeicherpflanzen): Trockene Standorte mit hoher Sonneneinstrahlung ⇒ morphologische Angepasstheiten an hohe Temperaturen und Wassermangel:
  - Tiefgründiges, verzweigtes Wurzelsystem.
  - Kleine, dicke, oft verdornte Blätter, Rollblätter, dicke Cuticula, tote Haare, Stomata eingesenkt ⇒ Einschränkung der Transpiration; Sukkulente: Wasserspeichergewebe in Spross und Blättern.
  - Wasser- und Mineralsalzaufnahme über Wurzeln mittels Transpirationssog, Gaswechsel über Stomata ⇒ Konflikt zwischen Wassersparen und Aufrechterhalten der Fotosynthese
    ⇒ C_4-Metabolismus oder CAM (siehe S. 15) ⇒ positive Fotosynthesebilanz auch bei geschlossenen Stomata möglich.
- **Tropophyten:** Standorte mit periodischem Wechsel zwischen Trocken- und Regenzeiten ⇒ Überdauerung der Trockenphase(n) (z. B. Winter: Mangel an flüssigem Wasser) z. B. durch Laubabwurf oder Absterben bis auf Erneuerungsknospen oder Samen.

Sonnen und Schattenblätter:

Angepasstheit von Pflanzen an unterschiedliche Lichtbedingungen z. B. im inneren und äußeren Kronenbereich von Laubbäumen:

- **Sonnenblätter:** dicke Cuticula, verdickte Zellwände der Epidermis, Stomata vorzugsweise auf der Blattunterseite ⇒ Schutz vor zu hoher Transpiration; kleine Blattspreite; dicker Blattquerschnitt, ausgeprägtes Palisadengewebe mit wenig Interzellularen und große Anzahl an Chloroplasten pro Blattfläche, da große Eindringtiefe des starken Sonnenlichts

- **Schattenblätter:** dünne Cuticula; große Blattspreite; dünner Querschnitt und nur einschichtiges Palisadengewebe, da geringe Eindringtiefe des Lichts ⇒ verbessertes Lichtabsorptionsvermögen; ausgeprägtes Schwammgewebe mit großen Interzellularen ⇒ verbesserter Gaswechsel

8 Populationsdynamik und Wechselwirkungen zwischen Populationen

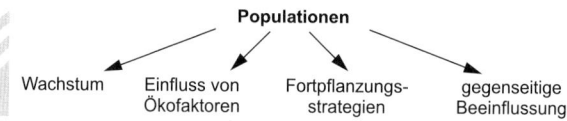

Populationen

Wachstum   Einfluss von Ökofaktoren   Fortpflanzungs-strategien   gegenseitige Beeinflussung

8.1 Populationsdynamik

Eine **Population** umfasst alle in einem bestimmten Gebiet vorkommenden Individuen einer Art, die sich untereinander uneingeschränkt fortpflanzen können (gemeinsamer Genpool).

Idealisiertes und reales Wachstum von Populationen

Das Wachstum einer Population wird durch ihre **Wachstumsrate** bestimmt. Die Wachstumsrate ist die Differenz zwischen Geburtenrate und Sterberate.

- **Exponentielles Wachstum:**
  Wirkt keiner der Umweltfaktoren im Lebensraum begrenzend, verläuft die Wachstumskurve einer sich ideal vermehrenden Population **exponentiell** („J-Form").
- **Logistisches Wachstum:**
  Meist wird die Populationsentwicklung durch einen oder mehrere Umweltfaktoren begrenzt ⇒ **logistische Wachstumskurve.**

A **Anlaufphase (lag-Phase):** Einstellung auf Lebensbedingungen

B **exponentielle Phase (log-Phase):** optimale Wachstumsbedingungen

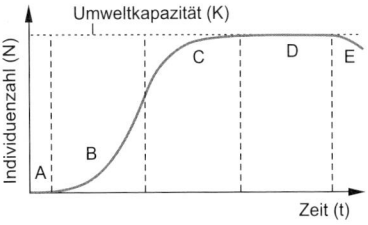

C **logistische Phase:** verringerte Wachstumsrate durch begrenzenden Faktor

D **stationäre Phase:** Annähern und Erreichen der **Umweltkapazität (Biotopkapazität) K**

E **Absterbephase:** Absinken der Individuenzahl durch Nahrungsmangel und Anhäufung von Abfallprodukten

8.2 Einfluss von Umweltfaktoren auf die Populationsdichte

Faktoren, die die Größe einer Population beeinflussen:

- **dichteunabhängige** Faktoren (v. a. abiotische Faktoren):

    Klima- und Bodenfaktoren

- **dichteabhängige Faktoren** (v. a. biotische Faktoren):

    – Nahrung   – Konkurrenten   – Parasiten,
    – Wohnraum   – Fressfeinde   Krankheitserreger

Der Einfluss dichteabhängiger Faktoren auf die Populationsdichte führt zu einer **negativen Rückkopplung** (vgl. Regelungsprozesse wie im Beispiel der Homöostase S. 36).

Hohe Populationsdichte ⇒ Menge an verfügbarer Nahrung nimmt rasch ab ⇒ geringere Wachstumsrate der Population ⇒ Abnahme der Populationsdichte.

8.3 Bedeutung verschiedener Fortpflanzungsstrategien

Die Wachstumsrate einer Population beruht auf genetisch festgelegten Eigenschaften, die sich im Lauf der Evolution als Anpassung an verschiedene Lebensräume entwickelt haben.

r-Strategen (Vermehrungsstrategie)	K-Strategen (Anpassungsstrategie)
hohe Wachstumsrate	geringe Wachstumsrate
Pop.-Größe unterhalb von K	Pop.-Größe dicht an K
großes Verbreitungspotenzial	geringes Verbreitungspotenzial
Umweltbedingungen wechselnd	Umweltbedingungen konstant
kurze Lebensdauer	lange Lebensdauer
hohe Sterblichkeit	geringe Sterblichkeit
einmalige Fortpflanzung	mehrmalige Fortpflanzung
hohe Nachkommenzahl	geringe Nachkommenzahl
schnelle Entwicklung der Nachkommen	langsame Entwicklung der Nachkommen
keine Fürsorge der Eltern	intensive Fürsorge der Eltern
schnelle Nutzung kurzzeitig vorhandener Ressourcen	spezielle Anpassungen zur effektiven Nutzung der Ressourcen

• Blattläuse, kleine Nagetiere • einjährige Gräser und Kräuter	• große Säugetiere (z. B. Primaten) • langlebige Bäume (z. B. Eiche)

8.4 Wechselwirkungen zwischen Populationen verschiedener Arten

Räuber-Beute-Beziehung

Die Wachstumsrate einer Räuberpopulation ist von der Populationsdichte ihrer Beute abhängig. Umgekehrt führen natürlich auch veränderte Fressfeinddichten zu Schwankungen in der Beutepopulation.

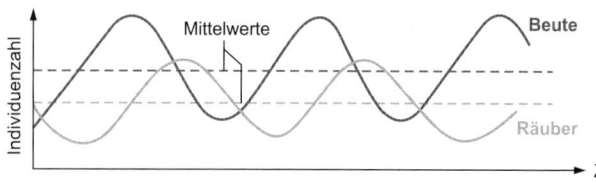

In einer idealisierten Räuber-Beute-Beziehung, in der der Fressfeind z. B. nur von einer Beuteart abhängig ist, gelten die folgenden Regeln:

- **1. Lotka-Volterra-Regel:** Die Populationskurven von Räuber und Beute schwanken periodisch. Die Maxima der Räuberpopulation folgen dabei phasenverzögert denen der Beutepopulation.
- **2. Lotka-Volterra-Regel:** Die Populationskurven schwanken jeweils um einen konstanten Mittelwert.
- **3. Lotka-Volterra-Regel:** Vermindert man die Räuber- und die Beutepopulation gleich stark, nimmt die Individuenzahl der Beutetiere schneller wieder zu als die ihrer Fressfeinde.

Konkurrenz

Wettbewerb von Lebewesen um knappe Ressourcen.
- **Intraspezifische (innerartliche) Konkurrenz:** Konkurrenz der Lebewesen einer Art untereinander (siehe auch S. 80).
- **Interspezifische (zwischenartliche) Konkurrenz:** Konkurrenz der Lebewesen unterschiedlicher Arten miteinander (siehe auch S. 80).

Bei der interspezifischen Konkurrenz gilt das …
- **Konkurrenzausschlussprinzip:** Arten, die die gleichen ökologischen Ansprüche haben, d. h. die dieselbe Nische beanspruchen, können nicht dauerhaft im selben Ökosystem überleben.

Oder es kommt zur …
- **Konkurrenzvermeidung:** Unterschiedliche Arten können im selben Ökosystem existieren, wenn sie unterschiedliche ökologische Angepasstheiten (entwickelt) haben ⇒ **Koexistenz**.

Symbiose

Lebensgemeinschaften von Organismen zweier Arten, bei der beide Partner einen Nutzen aus der Verbindung ziehen.

 Flechten: symbiotische Vergesellschaftung von Algen und Pilzen

Parasitismus

Beziehung von Organismen zweier Arten, bei der einer der Partner (Parasit) auf Kosten des anderen (Wirt) lebt.

 Stechmücken (Ektoparasiten) und Bandwürmer (Endoparasiten) als Parasiten des Menschen

9 Ökosysteme

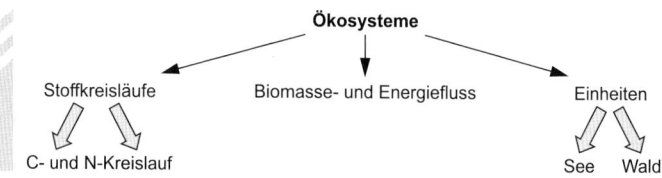

9.1 Biomasse- und Energiefluss in Ökosystemen

Nahrungsketten und Nahrungsnetze

Nahrungskette: Lineare Darstellung von Nahrungsbeziehungen zwischen verschiedenen Arten von Lebewesen (Nahrungskettenglieder).

Nahrungsnetz: Untereinander verbundene Nahrungsketten (Nahrungskettengefüge).

Destruenten zerlegen abgestorbene Biomasse in ihre anorganischen Bestandteile und machen diese damit wieder für die Produzenten verfügbar.

Biomasse- und Energiefluss

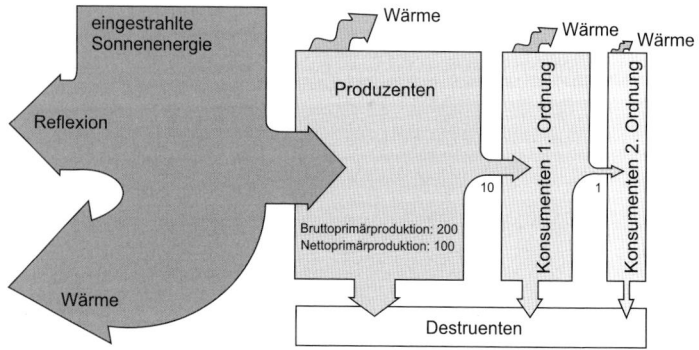

Biomasse- und Energiefluss in einem Ökosystem

Mit jeder Trophiestufe **nimmt** der **Biomasse-** und damit der **Energiegehalt ab**.

- Speicherung eines geringen Teils der von der Sonne eingestrahlten Gesamtenergie durch die Fotosynthese der grünen Pflanzen in Form von chemischer Energie in organischen Stoffen (Biomasse) $\Rightarrow$ **Bruttoprimärproduktion**.

- Einen Teil der Bruttoprimärproduktion nutzen die Produzenten selbst, um durch dissimilatorische Prozesse (Zellatmung) Energie für ihren Stoffwechsel zu gewinnen $\Rightarrow$ wird letztendlich als Wärmeenergie frei; Rest = **Nettoprimärproduktion**.

- Nur die Nettoprimärproduktion ist für die nächsthöhere Trophiestufe, die Konsumenten 1. Ordnung, als Nahrungsgrundlage nutzbar, abzüglich unverdaulicher Bestandteile. Da auch die Konsumenten 1. Ordnung einen Teil der aufgenommenen Biomasse in ihrem Stoffwechsel als Wärmeenergie entwerten, können letztendlich nur ca. 10 % der aufgenommenen Nahrung in eigene Biomasse umgesetzt werden.

- Auch für die folgenden Trophiestufen liegt die **ökologische Effizienz der Biomasseverwertung** bei nur **ca. 10 %**.

9.2 Stoffkreisläufe

Globaler C-Kreislauf

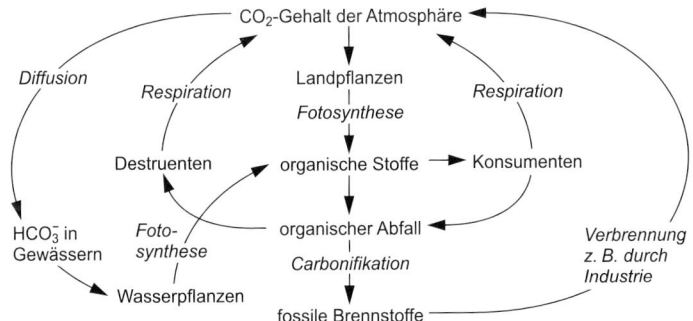

Globaler N-Kreislauf

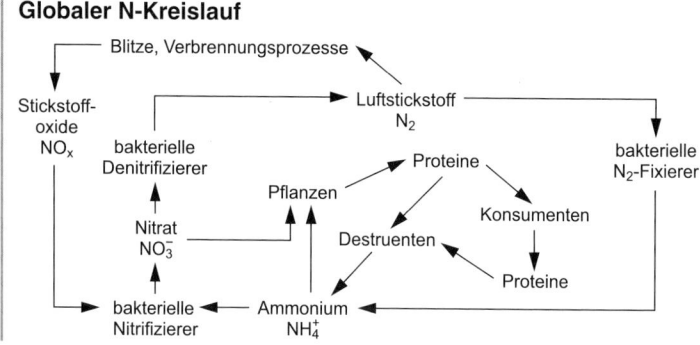

9.3 Beispiele für Ökosysteme

Der See

Zonierung:

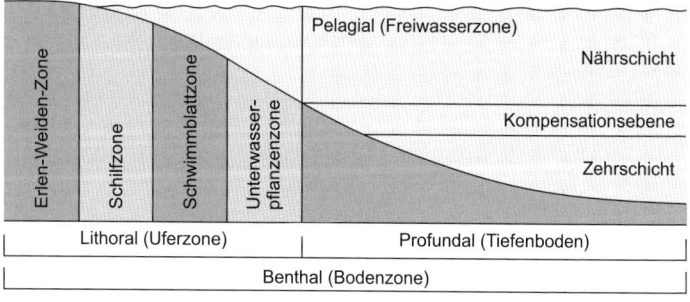

Der See im Jahresverlauf:

Aufgrund der Dichteanomalie des Wassers (höchste Dichte bei ca. 4 °C) und der unterschiedlichen Windverhältnisse kommt es im Verlauf der Jahreszeiten zu stabilen Temperaturschichtungen und Zirkulationsphasen.

- **Frühjahr:** Die Dichte des Oberflächenwassers steigt und nähert sich der des Tiefenwassers an ⇒ leichte Durchmischbarkeit + relativ starke Winde ⇒ **Frühjahrszirkulation (Vollzirkulation)**.

- **Sommer:** Erwärmung des Oberflächenwassers (Epilimnion) über 4 °C ⇒ geringere Dichte ⇒ kein Absinken; darunter: dünne

Sprungschicht (Metalimnion), innerhalb der die Temperatur auf ca. 4 °C abfällt, und Hypolimnion mit ca. 4 °C warmem Wasser ⇒ stabile Temperaturschichtung, nur Oberflächenwasser zirkuliert ⇒ keine Durchmischung ⇒ **Sommerstagnation**.

- **Herbst:** Absinken der Temperatur des Oberflächenwassers ⇒ Dichteanstieg + relativ starke Winde ⇒ Absinken und Durchmischung mit Wasser tieferliegender Schichten ⇒ **Herbstzirkulation (Vollzirkulation)**.

- **Winter:** Absinken der Temperatur des Oberflächenwassers unter 4 °C ⇒ geringere Dichte und ggf. Bildung einer Eisschicht, die den Wind abhält ⇒ keine Durchmischung mit Wasser tieferer Schichten ⇒ **Winterstagnation**.

Die Stagnation im Sommer führt häufig zu Sauerstoffmangel im Hypolimnion und im Profundal durch die Tätigkeit der Destruenten, sowie zu Mineralstoffmangel im Epilimnion durch die Aktivität der Produzenten.

In den Zirkulationsphasen ergibt sich eine relativ gleichmäßige Verteilung des Sauerstoffs und der Mineralstoffe im gesamten Wasserkörper.

Der Wald

Typische Waldgesellschaften Mitteleuropas: Laubwälder und Nadelwälder

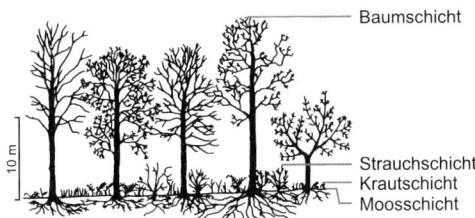

10 m

Baumschicht

Strauchschicht
Krautschicht
Moosschicht

In Laubwäldern dominierende Baumarten charakterisieren unterschiedliche **Waldgesellschaften**.

 Rotbuchenwälder, Eichen-Hainbuchen-Wälder

In Deutschland herrschen unter natürlichen Bedingungen **Rotbuchenwälder** vor, in denen die Rotbuche aufgrund der starken Beschattung

des Bodens durch ihr Blätterdach andere Baumarten verdrängt. In der Krautschicht dominieren:

- lichtbedürftige Pflanzen im Frühjahr vor bzw. zu Beginn des Laubaustriebs der Buche → **Frühblüher (Frühjahrsgeophyten)**.
- Schattenpflanzen bei voller Belaubung der Rotbuche.

10 Biodiversität

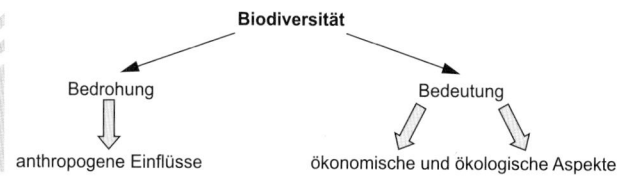

Der Begriff **Biodiversität** (biologische Vielfalt) bezieht sich auf mehrere Ebenen. Er umfasst den **Artenreichtum** der Tier- und Pflanzenwelt, die **Vielfalt an Ökosystemen** und auch die **genetische Variabilität** von Populationen.

Ein System (z. B. ein Ökosystem) gilt als umso stabiler, je größer seine Biodiversität (z. B. sein Artenreichtum) ist.

10.1 Anthropogene Einflüsse

Vernichtung naturnaher Lebensräume

U. a. durch Anlegen von Monokulturen (Nahrungs-, Holz- und Energiepflanzen) sowie von Siedlungs- und Verkehrsflächen.

Eintrag von Schadstoffen in die Umwelt

- **Boden:** Übermäßige Düngung, Pestizideinsatz ⇒ Rückstandsbildung, Auswaschung in Gewässer, Anreicherung in den Nahrungsketten.
- **Gewässer:** Ungeklärte Abwässer, ausgewaschener Dünger

⇒ **Eutrophierung:** Vermehrung des Phyto- und des Zooplanktons ⇒ Anhäufung toter Biomasse ⇒ Sauerstoffmangel ⇒ anaerober Abbau.

- **Luft:**
  – Schwefeldioxid und Stickoxide (z. B. aus Verbrennung fossiler Brennstoffe) ⇒ **Saurer Regen** ⇒ Hemmung des Pflanzenwachstums („Waldsterben").
  – Fluor-Chlor-Kohlenwasserstoffe (FCKW) ⇒ Abbau der **Ozonschicht.**
  – Kohlenstoffdioxid (z. B. aus Verbrennung fossiler Brennstoffe), Methan, Stickoxide, FCKW ⇒ **Treibhauseffekt:** Treibhausgase absorbieren Wärmestrahlung, die normalerweise ins Weltall zurückgestrahlt wird ⇒ **globale Erwärmung (Klimawandel).**

Weltweiter Tier- und Pflanzentransfer

Die meist passiv verfrachteten Tier- und Pflanzenarten werden als **Neozoen** bzw. **Neophyten** bezeichnet (zusammen: **Neobiota**).

- **Invasive Arten** beanspruchen die gleichen ökologischen Nischen wie einheimische Arten und können diese folglich verdrängen.

Amerikanische Grauhörnchen verdrängen heimische Eichhörnchen.

- **Nicht invasive Arten** besetzen im neuen Lebensraum eine weitgehend konkurrenzfreie ökologische Nische.

Die Rosskastanie wächst verwildert in Laubwäldern. Stärkere Ausbreitung wird durch schnelles Austrocknen der Samen (Kastanien) und durch die Kastanien-Miniermotte verhindert.

Räumliche, zeitliche und soziale Fallen

Anthropogene Handlungen können **räumliche, zeitliche und soziale Fallen** nach sich ziehen.

- **räumliche Falle:** Eine Handlung führt an einem Ort zu einem Nutzen, an einem anderen aber zu einem Schaden.

Düngung zur Förderung des Pflanzenwachstums auf einem Feld im Binnenland ⇒ Auswaschung der Nährstoffe durch Niederschlag ⇒ Transport über Flüsse bis ins Meer ⇒ Gefährdung der Tier- und Pflanzenwelt mariner Ökosysteme.

- **zeitliche Falle:** Eine Handlung, die aktuell zu einem Nutzen führt, verursacht zu einem späteren Zeitpunkt einen Schaden.

 Einführung der Aga-Kröte zur „Schädlings"-Bekämpfung in Australien in den 1930er-Jahren → heute selbst „Schädlinge".

- **soziale Falle:** Die Handlung führt bei einem Individuum oder einer Gruppe zu einem Nutzen, bei einem anderen Individuum oder einer anderen Gruppe aber zu einem Schaden.

 Einsatz von Pestiziden in Monokulturen: Ertragssteigerung für Landwirtinnen und Landwirte (Nutzen), aber auch Absterben von „nützlichen" Insekten (Schaden).

10.2 Bedeutung der Biodiversität

Ökonomische Aspekte

- „Schatzkammer" z. B. für neue Nahrungs- und Nutzpflanzen, Heilmittel und medizinische Wirkstoffe
- „Genetische Reserve" in der Tier- und Pflanzenzucht
- Nutzwert z. B. für die Bestäubung von Nutzpflanzen

Ökologische Aspekte

- Voraussetzung für stabile Ökosysteme
- Anpassungsfähigkeit an veränderte Umweltbedingungen

Neuronale Informationsverarbeitung

11 Elektrochemische Vorgänge in Nervenzellen

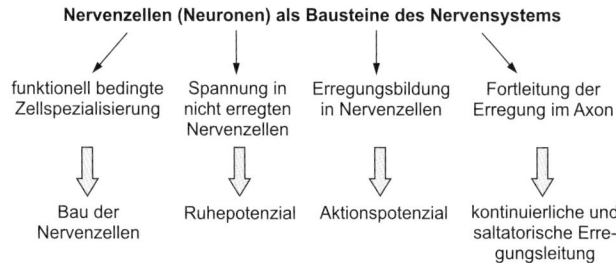

Nervenzellen (Neuronen) als Bausteine des Nervensystems

funktionell bedingte Zellspezialisierung → Bau der Nervenzellen

Spannung in nicht erregten Nervenzellen → Ruhepotenzial

Erregungsbildung in Nervenzellen → Aktionspotenzial

Fortleitung der Erregung im Axon → kontinuierliche und saltatorische Erregungsleitung

11.1 Bau und grundlegende Funktion einer Nervenzelle

Nervenzellen (Neuronen) empfangen elektrische Signale, verarbeiten sie, leiten sie als Erregung weiter (**Erregungsleitung**) und übertragen sie auf andere Neurone und Erfolgsorgane (**Erregungsübertragung**).

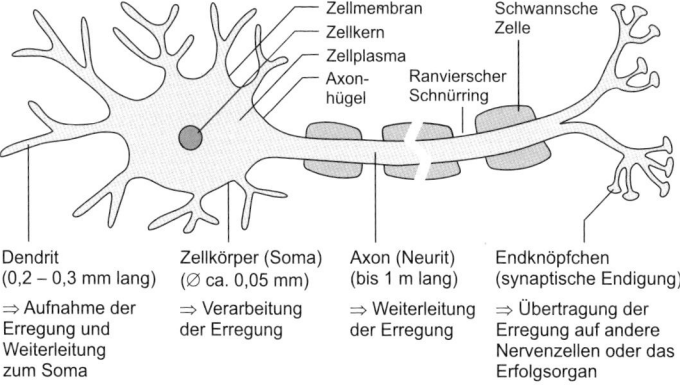

Zellmembran
Zellkern
Zellplasma
Axonhügel
Schwannsche Zelle
Ranvierscher Schnürring

Dendrit (0,2 – 0,3 mm lang) ⇒ Aufnahme der Erregung und Weiterleitung zum Soma

Zellkörper (Soma) (∅ ca. 0,05 mm) ⇒ Verarbeitung der Erregung

Axon (Neurit) (bis 1 m lang) ⇒ Weiterleitung der Erregung

Endknöpfchen (synaptische Endigung) ⇒ Übertragung der Erregung auf andere Nervenzellen oder das Erfolgsorgan

Nervenfasern: Axone (Neuriten), die zur besseren elektrischen Isolation von **Schwannschen Zellen** (spezielle **Gliazellen**) schlauchartig umhüllt sind.

Zwei Typen werden unterschieden:
- **Markhaltige** oder **myelinisierte Axone:** Nur bei Wirbeltieren. Ausstülpung der Zellmembran der Schwannschen Zelle (Länge: ca. 2 mm) wickelt sich viele Male um das Axon, wobei das Zytoplasma zusammen mit den Zellorganellen in die äußere Windung gedrückt wird ⇒ die inneren Windungen bestehen nur noch aus Zellmembranen (Lipiden und Proteinen = Myelin). Abstand zwischen den einzelnen Schwannschen Zellen ca. 1 μm = Ranviersche Schnürringe. Gesamtheit der Hüllzellen um das Axon = **Mark-** oder **Myelin-Scheide**.
- **Marklose** oder **nicht myelinisierte Axone:** Bei allen wirbellosen Tieren (z. B. Tintenfischen oder Insekten). Schwannsche Zellen nicht um Axon gewickelt, umgeben es nur locker ⇒ keine Myelinscheide.

11.2 Ruhepotenzial

Im nicht erregten Zustand: Das Zytoplasma eines intakten Neurons ist gegenüber seiner Umgebung negativ geladen. Die **Potenzialdifferenz (Spannung)** beträgt ca. **–70 mV**.

Voraussetzungen für die Entstehung des Ruhepotenzials

- **Charakteristische Verteilung von Ionen** innerhalb und außerhalb des Neurons: Für Kalium- (K^+), Natrium- (Na^+) und Chloridionen (Cl^-) besteht ein Konzentrationsgefälle:

Innenraum des Neurons	extrazelluläre Flüssigkeit	Richtung des Konzentrationsgefälles
K^+ Na^+ Cl^- A^- (A⁻ = Eiweißanionen)	K^+ Na^+ Cl^- —	nach außen nach innen nach innen

- **Selektive Permeabilität** der Nervenzellmembran: Die Membran ist für unterschiedliche Stoffe unterschiedlich durchlässig.
  Die verschiedenen Ionenkanäle (Tunnelproteine; siehe S. 5) der Membran lassen jeweils nur eine Sorte Ionen passieren (**erleichterte Diffusion**).

Ionenkanäle	Zustand der Ionenporen	relative Permeabilität der Membran
K^+-Ionenkanäle	offen	hoch
Na^+-Ionenkanäle	fast alle geschlossen	sehr gering
Cl^--Ionenkanäle	weitgehend geschlossen	gering
A^--Ionenkanäle	nicht vorhanden	keine

Entstehung des Ruhepotenzials nach der Ionentheorie

- Das Konzentrationsgefälle und die sehr gute Permeabilität der Membran für K^+-Ionen führt zu einem **Kaliumionen-Ausstrom**. Das bedingt eine …
- **Ladungstrennung:** An der Außenseite der Membran entsteht dadurch ein Überschuss an positiver Ladung, im Inneren der Nervenzelle ein Überschuss an negativer Ladung ⇒ Aufbau einer **Potenzialdifferenz (Ladungsdifferenz, elektrische Spannung)**.
- Die Potenzialdifferenz wirkt dem Ausstrom der K^+-Ionen entgegen.

⇒ **Ruhepotenzial:** Gleichgewichtszustand zwischen der nach außen gerichteten Kraft des chemischen Konzentrationsgradienten (= osmotische Kraft) und der entgegenwirkenden, nach innen gerichteten Kraft des elektrischen Potenzialunterschieds. Pro Zeiteinheit wandern genauso viele K^+-Ionen von innen nach außen wie umgekehrt (**Fließgleichgewicht**).

Beeinflussung des Ruhepotenzials durch Cl^-- und Na^+-Ionen

- **Chloridionen** diffundieren ihrem Konzentrationsgefälle folgend in geringer Menge in die Nervenzelle ⇒ erhöhen die Potenzialdifferenz geringfügig.

- **Natriumionen** dringen in geringer Menge in die Nervenzelle ein und vermindern die Potenzialdifferenz (Na^+-Leckstrom) $\Rightarrow$ ohne Gegenmaßnahmen: gesteigerter Kaliumionen-Ausstrom (K^+-Leckstrom) $\Rightarrow$ Zusammenbrechen des Ruhepotenzials.
  Gegenmaßnahme: Kompensation der Leckströme durch die **Natrium-Kalium-Ionenpumpe:** Transport der Natriumionen nach außen und der Kaliumionen nach innen erfolgt durch spezielle Membranporen (Carrierproteine; siehe S. 6) entgegen dem jeweiligen Konzentrationsgefälle unter Verbrauch von Stoffwechselenergie.

Zweck des Ruhepotenzials

In einer Potenzialdifferenz steckt Energie, die zur Informationsübertragung (Erregungsbildung und -weiterleitung) genutzt werden kann.

11.3 Aktionspotenzial (AP)

Als **Aktionspotenzial** wird eine charakteristische Änderung des Membranpotenzials gegenüber dem Ruhepotenzial bezeichnet. Dabei wird die Innenseite der Axonmembran gegenüber der Außenseite kurzfristig positiv geladen (Ladungsumkehr). Anschließend erfolgt die Rückkehr in den Ausgangszustand.
Zweck: Weiterleitung von Erregung

Zeitlicher Verlauf eines Aktionspotenzials

- Eine Ladungsverschiebung (durch einen äußeren Reiz oder ein anderes AP) führt zu einer Abnahme der Potenzialdifferenz am Axon = **Depolarisation** (Ruhepotenzial wird „positiver".)
- Überschreitet die Depolarisation einen Schwellenwert von ca. -50 mV, so kommt es stets zu einem gleich ablaufenden AP (**Alles-oder-nichts-Prinzip**).

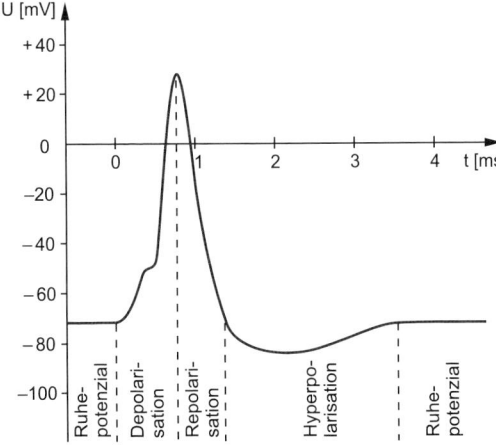

Entstehung eines Aktionspotenzials nach der Ionentheorie

- **Depolarisation:** Potenzialänderung ⇒ Öffnung **spannungsabhängiger Na$^+$-Ionenkanäle**, die nur in den Membranen von Axonen und Muskelfasern zu finden sind ⇒ Permeabilität der Membran für Na$^+$-Ionen steigt.

  Na$^+$-Ioneneinstrom erhöht die Na$^+$-Permeabilität weiter (**positive Rückkopplung**) ⇒ Überschreiten der Auslöseschwelle ⇒ Umpolung des Membranpotenzials auf ca. +30 mV.

- **Repolarisation:** Zeitlich verzögerte Öffnung **spannungsabhängiger K$^+$-Ionenkanäle** ⇒ Permeabilität der Membran für K$^+$-Ionen steigt ⇒ K$^+$-Ionen strömen aus.

  Gleichzeitig: Na$^+$-Permeabilität sinkt.

  ⇒ Membranpotenzial erreicht wieder negative Werte.

- **Hyperpolarisation:** K$^+$-Permeabilität sinkt nur langsam auf Normalwert ⇒ K$^+$-Ausstrom ist größer als vorausgegangener Na$^+$-Einstrom ⇒ Membranpotenzial ist negativer als im Ruhezustand.

- **Rückkehr zum Ruhepotenzial:** Rücktransport der eingeströmten Na$^+$- und der ausgeströmten K$^+$-Ionen mithilfe der Na$^+$-K$^+$-Ionenpumpe (aktiver Antiport von 3 Na$^+$ gegen 2 K$^+$).

- **Refraktärzeit (Refraktärphase):** 1–2 ms nach einem AP kann kein neues AP ausgelöst werden, da die Na^+-Ionenkanäle sich noch in einem inaktiven Zustand befinden (**absolute Refraktärzeit**).

11.4 Erregungsleitung über Axone

APs entstehen am Axonhügel und wandern nur **in eine Richtung** (zu den Endknöpfchen hin), da die Membran im Bereich eines gerade abgelaufenen APs nicht erregbar ist (Refraktärphase).

Kontinuierliche Erregungsleitung über marklose Nervenfasern

- Membranbereich, an dem sich AP gebildet hat, ist gegenüber benachbarten Bereichen kurzfristig entgegengesetzt geladen.
- Einstrom positiv geladener Ionen lässt beiderseits der Membran aufgrund des Ladungsunterschieds zu Nachbarbereichen **Ausgleichsströmchen** entstehen ⇒ Depolarisation der Nachbarbereiche ⇒ bei Überschreiten des Schwellenwerts in nicht refraktärem Membranbereich wird ein neues AP ausgelöst.
- Durch diesen regenerierenden Effekt kommt es bei der Weiterleitung der Erregung nicht zu einer Abschwächung (**Weiterleitung mit ständiger Wiederverstärkung**).

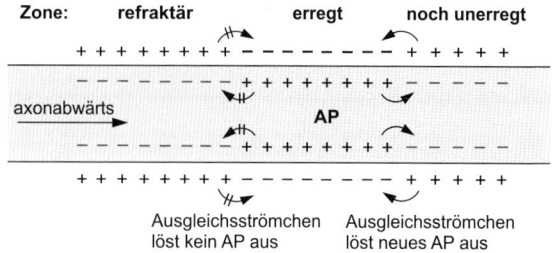

Saltatorische Erregungsleitung über markhaltige Nervenfasern

- APs können sich nur an den Ranvierschen Schnürringen aufbauen, da nur hier ein Kontakt zwischen Axon und Extrazellularflüssigkeit besteht. Die Abschnitte dazwischen sind durch die Myelinisierung elektrisch isoliert.

- Positiver Ladungsüberschuss auf der Innenseite der Membran an einem Schnürring durch AP ⇒ **elektrotonische Ausbreitung der Depolarisation** im Zytoplasma des Axons über den myelinisierten Bereich bis zum nächsten Schnürring ⇒ dort bei Überschreiten des Schwellenpotenzials Auslösen eines neuen APs.
- APs „springen" somit von einem Ranvierschen Schnürring zum nächsten.

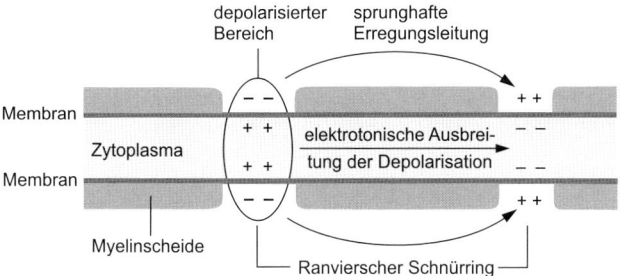

 Tetrodotoxin, das Gift des Kugelfischs, blockiert spannungsabhängige Na^+-Ionenkanäle am Axon und verhindert so die Entstehung von APs und die Erregungsleitung ⇒ Tod durch (schlaffe) Atemlähmung.

Vorteile der saltatorischen gegenüber der kontinuierlichen Erregungsleitung

- Höhere Erregungsleitungsgeschwindigkeit bei gleichem Durchmesser der Nervenfaser ⇒ schnellere Reaktionen möglich.
- Geringerer Durchmesser der Nervenfaser bei gleicher Leitungsgeschwindigkeit ⇒ Material- und Raumersparnis.
- Aktiver Ionentransport durch die Na^+-K^+-Ionenpumpen muss nur an den Schnürringen stattfinden ⇒ geringerer Energieverbrauch.

12   Erregungsübertragung an einer chemischen Synapse

Synapse: Kontaktstelle zwischen Nervenzellen bzw. zwischen Nervenzelle und Effektor/Erfolgsorgan (Muskel- oder Drüsenzellen).

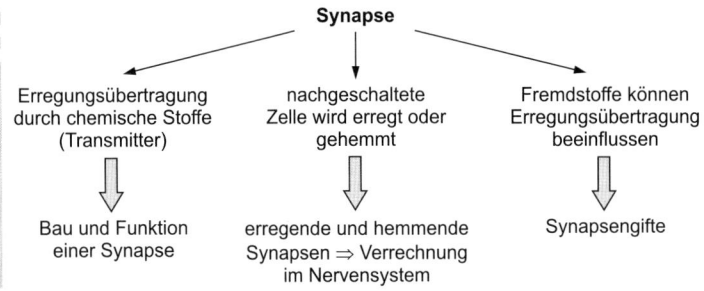

Synapse

Erregungsübertragung durch chemische Stoffe (Transmitter)

⬇

Bau und Funktion einer Synapse

nachgeschaltete Zelle wird erregt oder gehemmt

⬇

erregende und hemmende Synapsen ⇒ Verrechnung im Nervensystem

Fremdstoffe können Erregungsübertragung beeinflussen

⬇

Synapsengifte

12.1 Bau und Funktion einer Synapse

Kontaktstellen zwischen Neuronen und Effektorzellen unterteilt man je nach Lage in:

- axo-dendritische Synapsen
- axo-somatische Synapsen
- axo-axonische Synapsen

  } Erregungsübertragung zwischen Neuronen

- axo-motorische Synapse: neuromuskuläre Synapse (= motorische Endplatte) ⇒ Kontaktstelle zwischen Neuron und Muskelzelle

Neuromuskuläre Synapse:

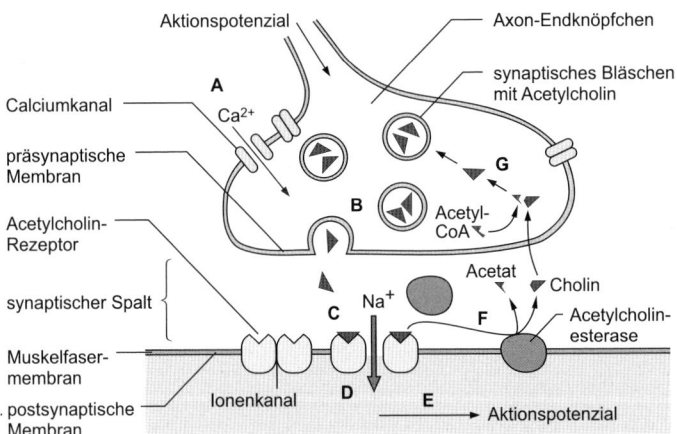

A Im synaptischen Endknöpfchen des Neurons ankommendes Aktionspotenzial (AP) öffnet spannungsgesteuerte Ca^{2+}-Ionenkanäle $\Rightarrow$ Einstrom von **Calciumionen**.

B $\Rightarrow$ Verschmelzen der transmittergefüllten synaptischen Bläschen (Vesikel) mit der präsynaptischen Membran $\Rightarrow$ Ausschüttung von Acetylcholin in den synaptischen Spalt.

C Diffusion der Transmittermoleküle durch synaptischen Spalt $\Rightarrow$ Bindung an die **Rezeptoren** der postsynaptischen Membran der Muskelfaser.

D Öffnung von ligandengesteuerten Na^+-Ionenkanälen $\Rightarrow$ Einstrom von Na^+-Ionen $\Rightarrow$ schwache Depolarisation der Membran = **postsynaptisches Potenzial (PSP; Endplattenpotenzial)**.

E Ausbreitung des PSPs über die Muskelfasermembran $\Rightarrow$ bei Überschreitung des Schwellenwerts Auslösung eines **APs**.

F Spaltung des Transmitters durch Enzym **Acetylcholinesterase** in Cholin und Acetat.

G Aufnahme von Cholin ins Endknöpfchen und Resynthese mit Acetyl-CoA zu Acetylcholin; Aufnahme und Speicherung in synaptischen Bläschen.

12.2   Informationsverarbeitung in Neuronen

An jedem Neuron befinden sich zahlreiche Synapsen mit Endknöpfchen anderer Nervenzellen.

Nach ihrer Wirkung werden zwei Typen unterschieden:

- **Erregende Synapsen** erzeugen **exzitatorische** (= erregende) **postsynaptische Potenziale (EPSPs)** in postsynaptischen Neuronen $\Rightarrow$ Depolarisation.

  Transmitter z. B.: Acetylcholin, Noradrenalin, Dopamin

- **Hemmende Synapsen** erzeugen **inhibitorische postsynaptische Potenziale (IPSPs)** in postsynaptischen Neuronen $\Rightarrow$ Hyperpolarisation.

  Transmitter z. B.: Gammaaminobuttersäure (GABA) $\Rightarrow$ öffnet Cl^--Ionenkanäle

Postsynaptische Potenziale breiten sich elektrotonisch unter Abschwächung über die Zellkörpermembran bis zum Axonhügel aus und werden dort verrechnet. Bei ausreichender Stärke des resultierenden Potenzials kommt es zur Auslösung eines APs im Axon.

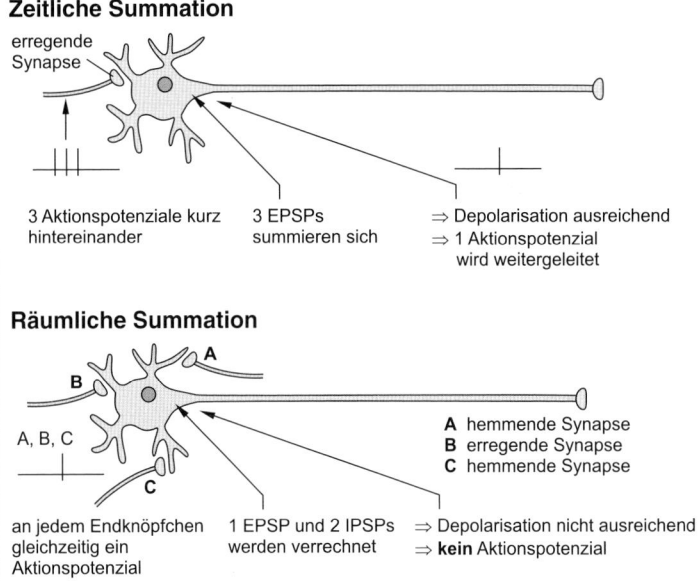

Zeitliche Summation

errrende
Synapse

3 Aktionspotenziale kurz hintereinander

3 EPSPs summieren sich

⇒ Depolarisation ausreichend
⇒ 1 Aktionspotenzial wird weitergeleitet

Räumliche Summation

B   A

A, B, C

C

A hemmende Synapse
B errrende Synapse
C hemmende Synapse

an jedem Endknöpfchen gleichzeitig ein Aktionspotenzial

1 EPSP und 2 IPSPs werden verrechnet

⇒ Depolarisation nicht ausreichend
⇒ **kein** Aktionspotenzial

12.3   Wirkung von Giften und Drogen an Synapsen

Bezeich-nung	Angriffspunkt in Synapse	Wirkung auf Nervensystem	Folgen für Körper
Curare	konkurriert mit Acetylcholin um Bindung an Rezeptoren ⇒ keine Öffnung von Ionenkanälen	Erregungsübertragung unterbleibt	Lähmungen der Skelettmuskulatur, Tod durch Atemlähmung
Botulinusgift (Botox)	blockiert Transmitterfreisetzung aus den synaptischen Bläschen	Erregungsübertragung unterbleibt	Lähmungen der Muskulatur, Tod durch Atemlähmung

Alkyl-phosphate (Insekti-zide, Ta-bun, Sarin)	hemmen Acetylcholin-esterase ⇒ Spaltung des Transmitters unterbleibt ⇒ Ionenkanäle werden wiederholt geöffnet	Erregungsüber-tragung verstärkt (Dauerdepolari-sation)	starke Verkramp-fung der Musku-latur, Tod durch Atemlähmung
Nicotin, Muscarin	wirken wie Acetylcholin, aber kein Abbau durch Acetylcholinesterase	Erregungsüber-tragung verstärkt	Magen-Darm-Krämpfe, Atem-lähmung
Kokain	erhöht Freisetzung des Transmitters Dopamin und hemmt Rücktrans-port des Dopamins in die Endknöpfchen	Aktivierung des Belohnungssys-tems des Gehirns ⇒ verstärkt Wohlbefinden, beseitigt Ermü-dung	bei längerem Ge-brauch: Wahn-vorstellungen, Depressionen, irreparable Zer-störung des Nervensystems
Opiate (Heroin, Morphin)	besetzen Rezeptoren für körpereigene Endorphine in Synapsen der schmerz-leitenden Bahnen von Gehirn und Rückenmark (hemmende Synapsen)	Unterdrückung der Weiterleitung von Schmerzsig-nalen wird ver-stärkt ⇒ Euphorie	bei Dauerge-brauch: Schädi-gung von Herz und anderen Or-ganen infolge Dosissteigerung

13 Muskeln als Effektoren

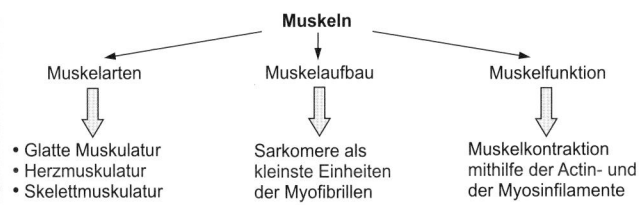

Bei Wirbeltieren lassen sich 3 Muskelarten unterscheiden:

- **Glatte Muskulatur:** einzelne, **einkernige Muskelzellen** sind schichtweise angeordnet.

  z. B. in Wänden des Verdauungstraktes und der Blutgefäße

- **Herzmuskulatur:** mehrkernige, **verzweigte Muskelfasern** mit **quergestreiften Myofibrillen** sind durch Glanzstreifen verbunden.
- **Skelettmuskulatur:** Merkmale siehe unten

Die Herz- und die Skelettmuskulatur wird als **quergestreifte Muskulatur** bezeichnet.

13.1 Aufbau des Skelettmuskels

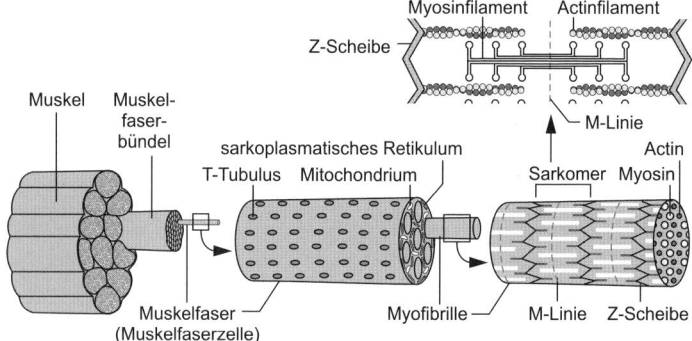

Der Skelettmuskel ist eine Einheit aus **Muskelfaserbündeln.** Sowohl die einzelnen Bündel als auch der gesamte Muskel sind von Bindegewebe umgeben. Die Muskelfaserbündel werden durch in Gruppen zusammengelagerte, **mehrkernige Muskelfasern** (Muskelfaserzellen) gebildet. Jede Muskelfaser enthält **quergestreifte Myofibrillen (Muskelfibrillen)** aus hintereinander angeordneten **Sarkomeren.**
Die Muskelfasern werden durch neuromuskuläre Axone (motorische Endplatten) innerviert.

13.2 Molekulare Prozesse der Skelettmuskelkontraktion

Entspannter Muskel: Sarkomere gestreckt
- Bindungsstellen für die Myosinköpfe am Actinfilament durch Tropomyosin blockiert.

- Myosinköpfe befinden sich durch Bindung von ATP und dessen Hydrolyse in $ADP + P_i$ in einem vorgespannten Zustand (90°-Winkel zum Myosinschaft). ADP ist an den Myosinköpfen gebunden.
- Sarkoplasmatisches Reticulum enthält hohe Konzentration an Ca^{2+}-Ionen, die nach erfolgter Kontraktion durch spezielle Pumpen unter ATP-Verbrauch aus dem Zytoplasma zurücktransportiert wurden.

Muskelkontraktion:
- Aktionspotenzial (AP) erreicht Präsynapse einer motorischen Endplatte $\Rightarrow$ Ausschüttung von Acetylcholin in synaptischen Spalt $\Rightarrow$ Entstehung eines EPSP (siehe S. 57; Endplattenpotenzial) an der Muskelfasermembran $\Rightarrow$ AP bei Schwellenwertüberschreitung.
- AP läuft entlang der Muskelfasermembran und der transversalen Tubuli (T-Tubuli) bis ins Innere der Faser $\Rightarrow$ Ausschüttung von Ca^{2+}-Ionen aus dem sarkoplasmatischen Retikulum ins Zytoplasma der Muskelfaser.
- Anlagerung von Ca^{2+}-Ionen an Troponin $\Rightarrow$ Konformationsänderung des Tropomyosins $\Rightarrow$ Freilegung der Bindungsstellen für die Myosinköpfe am Actin.
- Bindung der Myosinköpfe am Actin (Querbrückenbildung) und Abspaltung von ADP von den Köpfen $\Rightarrow$ Querbrückenschlag durch Abknicken der Myosinköpfe (45°-Winkel zum Myosinschaft) $\Rightarrow$ **Gleitfilamenttheorie/-hypothese:** Actinfilamente der Sarkomere werden zu deren Mitte gezogen $\Rightarrow$ Verkürzung der Sarkomere und damit der gesamten Myofibrillen $\Rightarrow$ Verkürzung der Muskelfaser $\Rightarrow$ Muskelkontraktion.
- Erneute Bindung von ATP an Myosinköpfe $\Rightarrow$ erneute ATP-Hydrolyse und Ablösen vom Actin $\Rightarrow$ erneute Vorspannung der Myosinköpfe.
- Weiterhin hoher Ca^{2+}- und ATP-Gehalt im Zytoplasma bewirkt erneute Bindung der Myosinköpfe an Actinfilamente $\Rightarrow$ erneute/weitere Verkürzung der Myofibrillen.
- Die Kontraktionsstärke einer Muskelfaser ist abhängig von der Frequenz der eintreffenden APs.
- Die Kontraktionsstärke eines Muskels wird durch die Zahl der gleichzeitig innervierten Muskelfasern reguliert.

14 Signaltransduktion an Sinneszellen

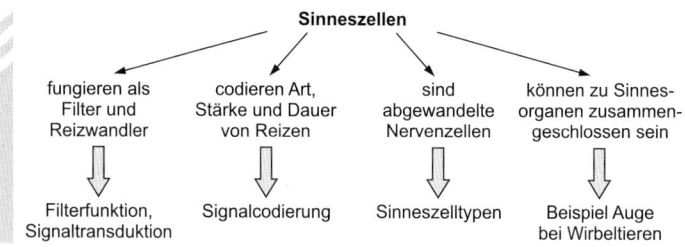

Sinneszellen			
fungieren als Filter und Reizwandler	codieren Art, Stärke und Dauer von Reizen	sind abgewandelte Nervenzellen	können zu Sinnesorganen zusammengeschlossen sein
⇩	⇩	⇩	⇩
Filterfunktion, Signaltransduktion	Signalcodierung	Sinneszelltypen	Beispiel Auge bei Wirbeltieren

14.1 Sinneszellen als Filter und Reizwandler

Die Ausstattung mit **Sinneszellen (Rezeptorzellen)** bestimmt, welche Reize aus der Umwelt wahrgenommen werden ⇒ Filterfunktion. Sinneszellen ermöglichen die **Signaltransduktion**, also die Überführung eines extrazellulären Signals in eine intrazelluläre Antwort, da sie physikalische und chemische Reize in **Generator-/Rezeptorpotenziale** umwandeln. Optimal reagieren sie nur auf **adäquate Reize** (= Reizart, für die der Rezeptor die höchste Empfindlichkeit besitzt):

- Im Fall von **Mechanorezeptoren** (z. B. in Innenohr, Haut, Muskeln) führen mechanische Kräfte (z. B. Dehnung und Druck) zur Veränderung des Öffnungszustands von Ionenkanälen und damit zur Umsetzung von Reizen in Erregung.
- Bei den **Thermorezeptoren** (z. B. Kälte- und Wärmerezeptoren in der Haut) wirken Temperaturreize auf den Ionenkanal-Öffnungszustand.
- **Chemorezeptoren** dienen zur Wahrnehmung chemischer Stoffe und besitzen in ihrer Zellmembran ligandengesteuerte Ionenkanäle oder Rezeptormoleküle. Bei der Ligandenbindung an Rezeptormoleküle wird der Öffnungszustand von Ionenkanälen über eine **Signaltransduktions-Kaskade** beeinflusst.

Riechsinneszellen der Nasenschleimhaut:
- Bindung eines Duftstoffmoleküls an Geruchsrezeptor in Zilienmembran ⇒ Aktivierung eines G-Proteins ⇒ Aktivierung einer Adenylatzyklase ⇒ Umwandlung von ATP zu cAMP.

- **Second messenger** cAMP bindet an spezifische Na^+/Ca^{2+}-Ionen-kanäle der Zellmembran $\Rightarrow$ Na^+- und Ca^{2+}-Ioneneinstrom $\Rightarrow$ Depolarisation der Membran.
- Ca^{2+}-Ionen lösen Cl^--Ionenausstrom aus der Riechsinneszelle aus $\Rightarrow$ Verstärkung des Rezeptorpotenzials, das sich bis zum Axonhügel ausbreitet.
- Bei Überschreitung des Schwellenwerts dort $\Rightarrow$ Aktionspotenziale, die über den Riechkolben zum Gehirn geleitet werden.

• In **Fotorezeptoren** löst Lichteinfluss auf spezielle Rezeptormoleküle eine **Signaltransduktions-Kaskade** aus, durch die der Öffnungszustand von Ionenkanälen beeinflusst wird.

Stäbchen der Netzhaut:
- **Dunkelheit: Second messenger** cGMP ist an Na^+-Ionenkanäle in der Zellmembran gebunden, hält diese offen und bewirkt so depolarisierenden Na^+-Ioneneinstrom (Dunkelstrom) $\Rightarrow$ ständige Ausschüttung hemmender Transmitter.
- **Lichteinwirkung:** Aktivierung des in den Diskmembranen eingelagerten Rhodopsins $\Rightarrow$ Signaltransduktions-Kaskade $\Rightarrow$ letztendlich Spaltung von cGMP in GMP $\Rightarrow$ Schließen der Na^+-Ionenkanäle $\Rightarrow$ Hyperpolarisation der Zellmembran $\Rightarrow$ verminderte Ausschüttung hemmender Transmitter.

Einteilung von Sinneszellen aufgrund von Bau und Verschaltung:

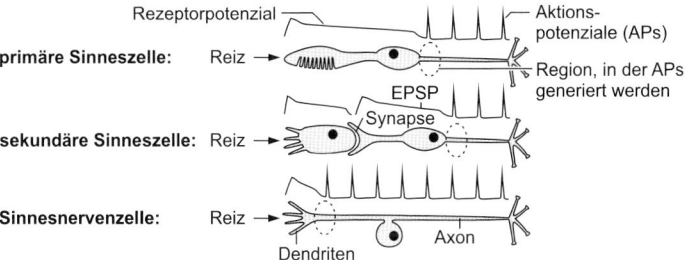

14.2 Signalcodierung

Die Codierung der aufgenommenen Reize erfolgt über Aktionspotenziale (APs).

- Die **Art des Reizes** wird über die entsprechenden Zielfelder, in denen die Erregung über bestimmte Nervenbahnen im Gehirn eintrifft, codiert.

 Erregungen, die über den Sehnerv in der Sehrinde eintreffen, deutet das Gehirn als Licht.

- Die **Reizstärke** wird gemäß der Höhe des Rezeptorpotenzials (Amplitudenmodulation) über die Frequenz der APs am Axon (Frequenzmodulation) codiert. D. h., je stärker der Reiz, desto höher das Rezeptorpotenzial, desto höher die AP-Frequenz und umgekehrt.

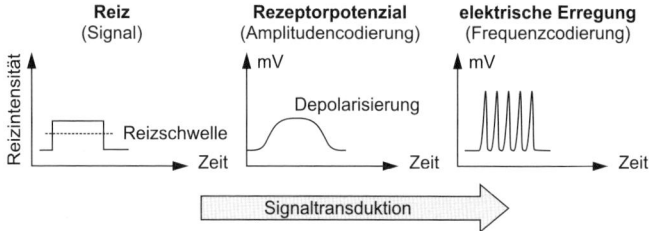

- Die **Reizdauer** wird bei tonischen Sinneszellen exakt als Zeitraum, in dem APs erzeugt werden, codiert. Bei phasischen Sinneszellen kommt es zur Adaptation an eine Dauerreizung.

 Einige Zeit nach dem Anziehen werden Kleidungsstücke auf der Haut nicht mehr wahrgenommen.

14.3 Sinnesorgan Auge der Wirbeltiere

Das **Wirbeltierauge** besteht aus den Fotorezeptoren (Sehzellen; Stäbchen und Zapfen) und zahlreichen Hilfsstrukturen (Pupille etc.). Das Wirbeltierauge besitzt die Fähigkeit …

- zum Gegenstandssehen durch Einsenkung des Sinneszellenepithels mit Ausbildung der Pupille (Abbildung von Gegenständen auf der Netzhaut).
- zur Adaptation (Veränderung der einfallenden Lichtmenge) durch Irismuskel.

- zur Akkommodation (Einstellung auf unterschiedliche Objektabstände) durch Änderung der Brechkraft der Linse (über Zonulafasern und Ziliarmuskel).
- zum Farbensehen mithilfe der Zapfen.
- zur Bildverarbeitung in der Netzhaut (z. B. Kontrastverstärkung durch laterale Inhibition).

Aufbau der Netzhaut und Informationsfluss

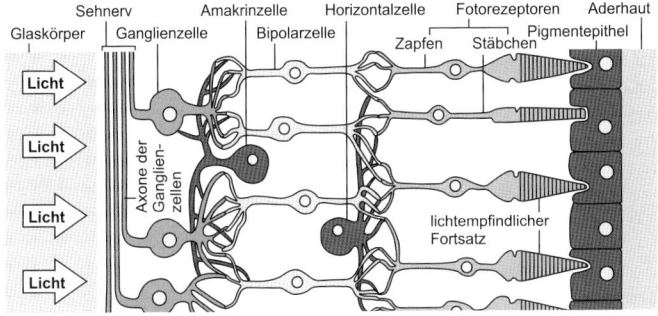

- Erregung der Fotorezeptoren durch Lichteinfall ⇒ Hyperpolarisation der Zellmembran (siehe S. 63).
- Erregungsübertragung über chemische Synapsen auf Bipolarzellen.
- Erregungsübertragung über chemische Synapsen auf Ganglienzellen, die die Erregung in eine AP-Abfolge überführen.
- Bipolar-, Horizontal- und Amakrinzellen ermöglichen die laterale Verschaltung mehrerer Sinnes- bzw. Ganglienzellen.
- Weiterleitung der Impulse über den Sehnerv (Axone der Ganglienzellen) ins Gehirn.

Kontrastverstärkung durch laterale Inhibition

Ziel: Ein Objekt, das sich aufgrund seiner Helligkeit kaum von der Umgebung abhebt, wird besser erkannt, da die Helligkeitsübergänge zwischen dem Objekt und der Umgebung in der Wahrnehmung überhöht werden.

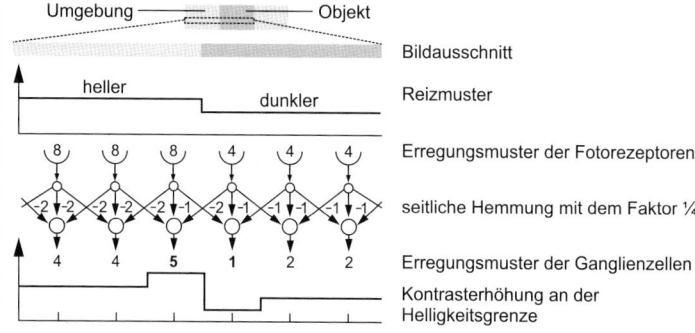

Erregung der **Fotorezeptoren** entsprechend der Beleuchtungsstärke ⇒ Erregungsübertragung auf nachgeschaltete **Bipolarzellen** und gleichzeitig Erregungsübertragung auf Bipolarzellen benachbarter Fotorezeptoren mittels **Horizontalzellen** mit einer bestimmten **Hemmwirkung**, die umso stärker ist, je stärker die Rezeptorzelle erregt wurde ⇒ Eingangssignal in Ganglienzelle ergibt sich aus der Differenz der Erregung der Rezeptorzelle und den Erregungen der Horizontalzellen ⇒ Wahrnehmung einer **Kontrastverstärkung** an der Helligkeitsgrenze.

15 Hormonelle Steuerung

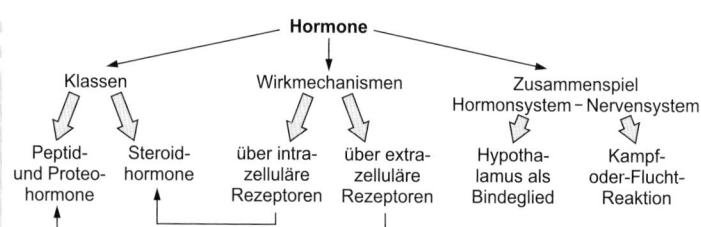

Hormone werden in den Zellen spezieller Drüsen oder Gewebe produziert und über das Blut zu ihren Zielorganen/-zellen transportiert, wo sie als Signalstoffe Stoffwechselprozesse auslösen, die je nach Zielzelle unterschiedlich sein können.

15.1 Einteilung der Hormone

Es gibt unter anderem die folgenden Hormongruppen:
- **Peptid- und Proteohormone:** Peptide oder Proteine (z. B. Insulin); lipophob
- **Steroidhormone:** Derivate des Cholesterins (z. B. Testosteron); lipophil

15.2 Molekularer Wirkungsmechanismus

Sekretion, Diffusion und Zirkulation von Hormonen benötigt Zeit ⇒ v. a. längerfristige und großflächige physiologische Prozesse werden hormonell gesteuert (z. B. Verdauung und Wachstum). In ihren Zielzellen setzen die Hormonmoleküle eine Reaktionskaskade in Gang:
- **Peptid- und Proteohormone** können Zellmembranen nicht durchdringen ⇒ binden außen an spezifische Rezeptoren, die in der Zellmembran lokalisiert sind ⇒ Reaktionskaskade:

Hormon-Rezeptor-Komplex aktiviert ein im Zellinneren an den Rezeptor gekoppeltes G-Protein ⇒ Aktivierung einer Adenylatzyklase ⇒ Bildung des **second messengers** (sekundärer Botenstoff) cAMP ⇒ Aktivierung einer Proteinkinase ⇒ Aktivierung oder Hemmung spezifischer Enzyme (= eigentliche Hormonwirkung).

- **Steroidhormone** gelangen durch Diffusion oder über Carrierproteine in das Innere der Zielzelle; dort: Bindung mit ihrem spezifischen Rezeptor ⇒ Hormon-Rezeptor-Komplex (wirkt als Transkriptionsfaktor) bindet im Zellkern an die DNA ⇒ Proteinbiosynthese.

15.3 Zusammenspiel von Hormonsystem und vegetativem Nervensystem

Hypothalamus

Bestandteil des Zwischenhirns; Steuerungszentrum des **vegetativen Nervensystems** (im Gegensatz zum somatischen NS nicht willentlich beeinflussbar) und des **Hormonsystems** ⇒ Bindeglied zwischen diesen beiden Bereichen.

- **Funktion** u. A.: Aufrechterhaltung der Homöostase (siehe S. 36), Steuerung von Wachstum und Fortpflanzung
- Ausübung dieser Funktionen ermöglicht durch:
  - neuronale Verbindungen zu anderen Hirnbereichen.
  - Produktion eigener Hormone.
  - Freisetzung von Releasing-Hormonen, die über die Hypophyse die Ausschüttung weiterer Hormone bewirken.

Kampf-oder-Flucht-Reaktion

Schnelle Reaktion des Körpers auf Gefahren- bzw. Stresssituationen.

In entsprechenden Situationen kommt es zur Aktivierung des **Sympathikus** (Teil des vegetativen Nervensystems) $\Rightarrow$

- verstärkte Aktivität von Organen, die in Gefahren- und Stresssituationen gefordert sind (Augen, Herz, Lunge etc.)
- Hemmung der Aktivität nicht dringend benötigter Organe (Geschlechtsorgane, Verdauungsorgane etc.)
- Erhöhung der Adrenalinausschüttung im Nebennierenmark $\Rightarrow$ z. B. Blutdruckerhöhung, Bronchienerweiterung, Mobilisierung von Fettreserven

$\Rightarrow$ Steigerung von Leistungsbereitschaft und Aufmerksamkeit.

Parasympathikus: gegenteiliger Effekt (Antagonist); zuständig für Erholung.

Evolution

16 Das hierarchische Ordnungssystem der Organismen

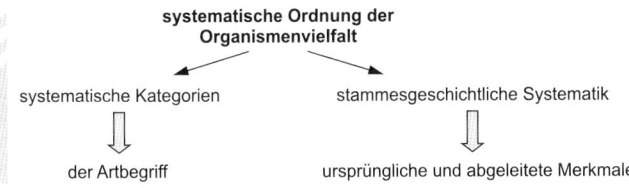

systematische Ordnung der
Organismenvielfalt

systematische Kategorien   stammesgeschichtliche Systematik

der Artbegriff   ursprüngliche und abgeleitete Merkmale

16.1 Systematische Kategorien

Ausgehend von der kleinsten systematischen Einheit, der **Art** (= alle Individuen, die miteinander fruchtbare Nachkommen zeugen können), sind die Organismen im **natürlichen System** entsprechend ihrer stammesgeschichtlichen Verwandtschaft in hierarchisch geordnete Gruppen eingeteilt:

Reich (z. B. Metazoa – vielzellige Tiere)
   Stamm (z. B. Chordata – Chordatiere)
      Unterstamm (z. B. Vertebrata – Wirbeltiere)
         Klasse (z. B. Mammalia – Säugetiere)
            Ordnung (z. B. Carnivora – Raubtiere)
               Familie (z. B. Felidae – Katzen)
                  Gattung (z. B. Panthera – Pantherartige)
                     Art (z. B. *Panthera leo* – Löwe)

16.2 Stammesgeschichtliche (phylogenetische) Systematik

Verfahren, die Organismenvielfalt nach dem **Grad ihrer Verwandtschaft** zu ordnen und in evolutionären Stammbäumen, sogenannten **Kladogrammen**, darzustellen.

Abgeleitete (apomorphe) Merkmale zur Klassifizierung:

- Zur Rekonstruktion stammesgeschichtlicher Verwandtschaftsbeziehungen werden Gruppen (**Taxa**) gebildet, deren Mitglieder einen gemeinsamen Vorfahren haben ⇒ **monophyletische Gruppe, Klade.**
- Mitglieder (inkl. des gemeinsamen Vorfahren) derartiger Gruppen sind durch gemeinsame **abgeleitete Merkmale (Synapomorphien)** gekennzeichnet.
- Merkmale, die bei dem gemeinsamen Vorfahren bereits vorhanden waren und auch bei anderen Gruppen zu finden sind, sind **ursprüngliche (plesiomorphe) Merkmale** und dürfen nicht zur Bildung von Verwandtschaftsgruppen herangezogen werden.
  ⇒ Ob ein Merkmal als ursprünglich oder abgeleitet gilt, hängt vom **Bezugspunkt innerhalb des Stammbaums** (Kladogramm) ab.

 Der Besitz von Vogelfedern ist bei der Betrachtung einer Gruppe innerhalb der Vögel ein ursprüngliches Merkmal, beim Vergleich mit anderen Wirbeltiergruppen aber ein abgeleitetes Merkmal.

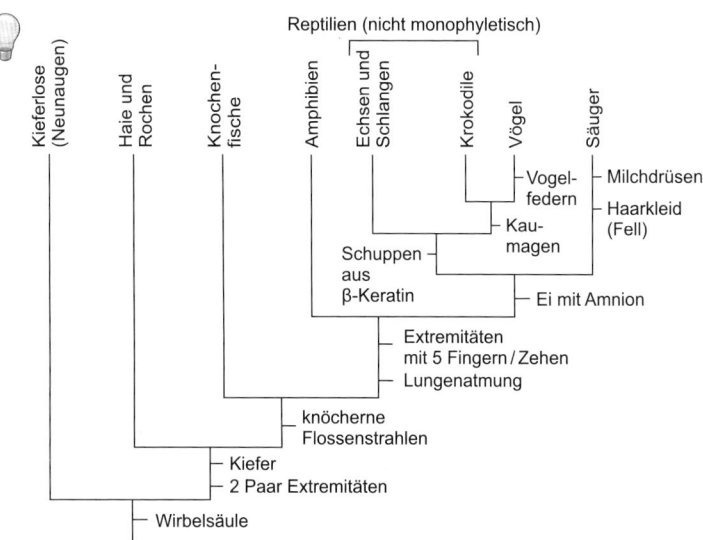

Kladogramm der Wirbeltiere

17 Belege für die Evolution

Die **Evolution** der Arten, d. h. ihre Entstehung und ihr Wandel, lässt sich belegen.

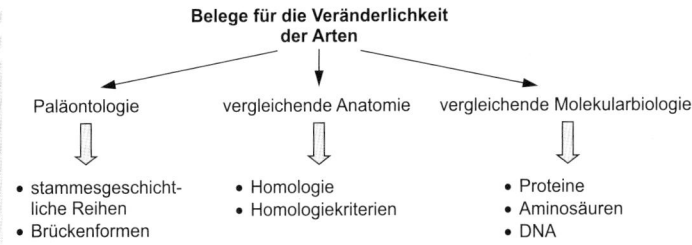

Belege für die Veränderlichkeit der Arten

Paläontologie   vergleichende Anatomie   vergleichende Molekularbiologie

• stammesgeschicht-   • Homologie   • Proteine
  liche Reihen   • Homologiekriterien   • Aminosäuren
• Brückenformen   • DNA

17.1 Belege aus der Paläontologie

Die Paläontologie beschäftigt sich anhand von **Fossilien** mit (oft versteinerten) Lebewesen vergangener Erdzeitalter. Fossilien unterscheiden sich umso stärker von **rezenten** (heute lebenden) Arten, je älter sie sind, und belegen so die Veränderlichkeit der Arten.

Stammesgeschichtliche Reihen

Manche Fossilfunde lassen sich in Reihen anordnen, die die stammesgeschichtliche Entwicklung einer Gruppe anhand **schrittweiser Merkmalsveränderungen** aufzeigen. Innerhalb von **Progressionsreihen** werden die betrachteten Merkmale immer komplizierter, innerhalb von **Regressionsreihen** bilden sich Merkmale zurück.

 Im Pferdestammbaum gibt es Progressionsreihen (zunehmende Körpergröße, Vergrößerung der Backenzähne, Zunahme der Schmelzkanten) und Regressionsreihen (Verringerung der Finger- und Zehenzahl).

Brückenformen (Mosaikformen)

Mosaikformen bezeichnen Organismen, die sowohl Merkmale stammesgeschichtlich älterer als auch Merkmale stammesgeschichtlich jüngerer Gruppen aufweisen. Sie stellen ein Bindeglied (**Brücken-form**) zwischen zwei Verwandtschaftsgruppen dar.

- Ichthyostega als Brückenform zwischen Fischen und Amphibien: fischartiger Schädelbau / fünfstrahlige Extremitäten
- Archaeopteryx als Brückenform zwischen Reptilien und Vögeln: Kiefer mit Zähnen / Federn

17.2 Belege aus der vergleichenden Anatomie

Homologie („Abstammungsähnlichkeit")

Organe bzw. Merkmale, die auf einen gemeinsamen Grundbauplan zurückgehen, bezeichnet man als **homolog**. Homologien werden als Hinweise auf stammesgeschichtliche Verwandtschaft (gemeinsame Erbinformationen) gedeutet. Als Folge von Anpassungsvorgängen an sich ändernde Umweltbedingungen müssen homologe Organe in Form und Funktion nicht übereinstimmen (**divergente Entwicklung**).
⇒ Homologe Organe sind **ursprungsgleich**, aber **häufig nicht funktionsgleich**.

- Zur Überprüfung einer vermuteten Homologie werden drei **Homologiekriterien** herangezogen:
  - **Kriterium der Lage:** Organe und Strukturen sind homolog, wenn sie in einem vergleichbaren Gefügesystem die gleiche Lage einnehmen.

  Das Skelett der Extremitäten von Säugetieren ist vom Schultergürtel ausgehend aus Oberarmknochen, Elle und Speiche, Handwurzel-, Mittelhand- und Fingerknochen aufgebaut.

  - **Kriterium der Kontinuität:** Homologe Organe und Strukturen sind daran zu erkennen, dass sie durch Übergangsformen miteinander in Verbindung stehen.

  Die Entwicklung der Gehörknöchelchen der Säugetiere (Hammer, Amboss, Steigbügel) aus Schädel- und Kieferknochen der Fische lässt sich über Zwischenstufen bei Amphibien und Reptilien verfolgen.

– **Kriterium der spezifischen Qualität:** Organe sind unabhängig von ihrer Lage als homolog zu bezeichnen, wenn sie in mehreren besonderen Einzelheiten übereinstimmen.

Zähne von Säugetieren und Schuppen in der Haut der Haifische weisen trotz ihrer unterschiedlichen Lage übereinstimmende Baumerkmale auf: Zahnschmelz überzieht das Zahnbein, beide Strukturen sind innen hohl.

• Homologien aus der **Embryologie:**
  – **Phylotypisches Stadium:** Frühe Embryonalstadien von Wirbeltieren verschiedener Klassen zeigen viele Ähnlichkeiten (z. B. Kiemenspaltenanlage, Röhrenherz), auch wenn die erwachsenen Tiere sehr verschieden sind.
  – **Biogenetische Grundregel** nach E. HAECKEL:
    In der Embryonalentwicklung eines Lebewesens (Ontogenese) werden bestimmte einzelne Merkmale seiner stammesgeschichtlichen (phylogenetischen) Vorfahren angelegt, die dem Erwachsenenstadium fehlen.

Hintergliedmaßen und Haarkleid beim Walembryo ⇒ an Land lebende Säugetier-Vorfahren; Embryonen von Vogel und Mensch mit verlängerter Schwanzwirbelsäule

• **Rudimente und Atavismen:**
  – **Rudimente** sind unvollständig ausgebildete, funktionslos gewordene Organe einer Art, die als „Überbleibsel" ehemals funktioneller Strukturen stammesgeschichtlicher Vorfahren gedeutet werden können.

Reste von Hinterbeinen und Beckenknochen bei Walen, Restbehaarung beim Menschen

  – Treten bei einzelnen Individuen einer Art Merkmale wieder auf, die im Laufe der stammesgeschichtlichen Entwicklung zurückgebildet wurden, spricht man von **Atavismen.**

Überzählige Brustwarzen, fellartige Behaarung beim Menschen, Pferde mit überzähligem Huf

Analogie („Funktionsähnlichkeit")

Organe mit gleicher Funktion, aber unterschiedlichem Bauplan bezeichnet man als **analog**. Sie sind das Ergebnis von Anpassungsvorgängen an gleiche Umweltbedingungen. Eine derartige gleichgerichtete, aber voneinander unabhängig verlaufende Entwicklung von Organen wird **konvergent** genannt ⇒ Analogien können nicht als Nachweis stammesgeschichtlicher Verwandtschaft dienen.

- Grabbein von Maulwurf (Säugetier) und Maulwurfsgrille (Insekt)
- Sprossdornen bei Rosen und Blattdornen bei Berberitzen
- Stromlinienform des Körpers bei wasserbewohnenden Tieren wie Tintenfischen (Weichtiere), Fischen, Pinguinen (Vögel), Robben und Delfinen (Säugetiere)

17.3 Belege aus der vergleichenden Molekularbiologie

Als Maß für die Verwandtschaft zwischen Lebewesen kann auf molekularer Ebene z. B. die Ähnlichkeit der Serumproteine, der Aminosäuresequenz von Proteinen oder der Basensequenz der DNA herangezogen werden (molekularbiologische und biochemische Homologien).

Präzipitintest

Die Ähnlichkeit der Blutserumproteine von Wirbeltieren lässt sich durch den **Präzipitintest** feststellen. Je ähnlicher die Serumproteine eines Testtiers denjenigen eines Bezugstiers sind, desto stärker ist die Ausfällung **(Präzipitation)** bei Vermischung des Blutserums des zu testenden Tiers mit (meist von Kaninchen gebildeten) Antikörpern gegen die Serumproteine des Bezugstiers.

Aminosäuresequenzanalyse

Unterschiede in der Aminosäuresequenz eines Proteins verschiedener Arten geben aufgrund der ihnen zugrunde liegenden Mutationen Aufschluss über die Länge des Zeitraums, der seit der Abspaltung der Arten von einem gemeinsamen Vorfahren vergangen ist.

Aus den Unterschieden in den Aminosäuresequenzen der veränderbaren Bereiche des Cytochroms c (Enzym der Zellatmung) lässt sich ein Stammbaum aller aeroben Lebewesen aufstellen (**Cytochrom-c-Stammbaum**).

DNA-Analyse

Messung der Ähnlichkeit der DNA durch:

- **DNA-Hybridisierung:**
  - Isolierung von DNA zweier zu vergleichender Arten.
  - Bestimmung des Schmelzpunkts der artreinen DNA.
  - Mischen der beiden DNA-Proben.
  - Erhitzung auf ca. 95 °C und dadurch Lösen der Wasserstoffbrückenbindungen zwischen den komplementären Basen der DNA-Stränge ⇒ Trennung der DNA-Doppelstränge der Mischprobe in Einzelstränge („Schmelzen").
  - Beim Abkühlen: Bildung von Hybridsträngen aus den DNA-Einzelsträngen der beiden Arten.
  - Bestimmung des Schmelzpunkts der Hybridstränge und Vergleich mit dem Schmelzpunkt der artreinen DNA.

  Je näher die Verwandtschaft zwischen den Arten ⇒ desto ähnlicher ist die Nukleotidsequenz ihrer DNA ⇒ desto mehr komplementäre Basenpaarungen sind möglich ⇒ desto höhere Temperatur wird zur Auftrennung (der Wasserstoffbrücken) benötigt ⇒ desto ähnlicher sind die Schmelzpunkte von Hybrid- und artgleicher DNA.

- **DNA-Sequenzvergleich:** Sequenzierung von DNA der zu testenden Arten und Vergleich der Basensequenz. Je größer die Übereinstimmung der Basenabfolge, desto näher die Verwandtschaft.

18 Evolutionstheorien nach LAMARCK und DARWIN

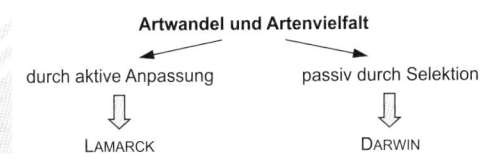

Nach den Theorien von Jean-Baptiste DE LAMARCK (1744–1829) und Charles DARWIN (1809–1882) kam es im Laufe der Stammesgeschichte zu einem **Wandel der Arten** durch Anpassung an sich verändernde Umweltbedingungen.

18.1 LAMARCKs Theorie der Evolution

Schrittweise **aktive** Anpassung der Arten.

Grundsätze der Theorie:
- Ständiger Gebrauch von Organen lässt diese größer und stärker werden; bei Nichtgebrauch verkümmern sie.
- Erworbene Anpassungen werden vererbt.
- Treibende Kraft ist ein „Vervollkommnungstrieb" (Streben nach Anpassung).

18.2 DARWINs Theorie der Evolution

Passiver Artwandel durch Selektion.

Grundsätze der Theorie:
- Alle Arten haben mehr Nachkommen, als für die „Erhaltung der Art" notwendig wären (Überproduktion).
- Die Individuen einer Art unterscheiden sich (Variabilität). Viele Unterschiede sind erblich.
- Im Überlebenskampf/Konkurrenzkampf *(struggle for life)* haben die verschiedenen Individuen ungleiche Chancen.
- Die am besten an die Umwelt angepassten Individuen einer Art haben die größten Überlebenschancen *(survival of the fittest)* und können sich am erfolgreichsten fortpflanzen = **natürliche Auslese (Selektion)**.
- Vorteilhafte Eigenschaften werden so unter den Individuen einer Art immer häufiger (Artwandel).

19 Synthetische Evolutionstheorie

Vereinigung (**Synthese**) der Theorien DARWINs mit Erkenntnissen aus fast allen Bereichen der Biologie (z. B. Genetik, Ökologie, Ethologie), wobei nicht wie bei DARWIN die Art, sondern die **Population** im Zentrum der Evolutionsvorgänge steht. Das Zusammenwirken mehrerer **Evolutionsfaktoren** beeinflusst dabei die Zusammensetzung des **Genpools** einer Population:

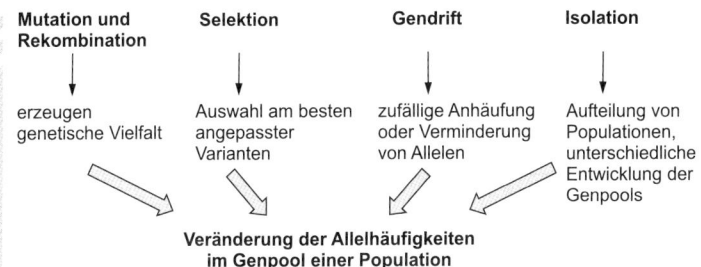

Mutation und Rekombination	Selektion	Gendrift	Isolation
↓	↓	↓	↓
erzeugen genetische Vielfalt	Auswahl am besten angepasster Varianten	zufällige Anhäufung oder Verminderung von Allelen	Aufteilung von Populationen, unterschiedliche Entwicklung der Genpools

Veränderung der Allelhäufigkeiten im Genpool einer Population

19.1 Grundlagen

Als **Genpool** bezeichnet man die Gesamtheit aller Allele (Ausprägungsformen eines Gens) einer Population. Eine **Population** besteht aus einer Gruppe von Individuen einer Art, die zur gleichen Zeit im gleichen Raum leben und eine Fortpflanzungsgemeinschaft bilden. Verändern sich die Allelfrequenzen (-häufigkeiten) im Genpool einer Population, spricht man von **Evolution**.

19.2 Mutation und Rekombination als Ursachen genetischer Variabilität

Zufällige Mutationen und Rekombinationen erzeugen die **genetische Variabilität** innerhalb einer Population.

- Durch **Mutationen** (meist Genmutationen; siehe S. 27) wird die Basenfolge der DNA verändert, sodass neue Allele eines Gens entstehen können ⇒ Vergrößerung des Genpools.
- Durch **Rekombination** können neue Allelkombinationen gebildet werden, die zu neuen Phänotypen führen.

19.3 Selektion als richtender Evolutionsfaktor

An den oben beschriebenen Varianten setzt die natürliche **Selektion** (Auswahl) an und wählt die an die momentanen Umweltbedingungen am besten angepassten Varianten aus. Die Selektion zeigt sich darin, dass Träger bestimmter Phänotypen einen größeren Fortpflanzungserfolg haben als andere. Diese Individuen weisen eine größere **reproduktive Fitness** (siehe unten) auf ⇒ Der Beitrag, den sie zum Genpool der nächsten Generation leisten können, ist größer als der von Individuen, die weniger gut an die Umwelt angepasst sind. So ergibt sich eine gerichtete **Verschiebung der Allelhäufigkeiten**, die dem betreffenden Phänotyp zugrunde liegen, im Genpool einer Population.

Reproduktive Fitness: Beitrag, den ein Individuum durch eigene Fortpflanzung und/oder Unterstützung Verwandter zum Genbestand der Folgegeneration leistet.

Wie ein Merkmal oder eine Verhaltensweise die reproduktive Fitness beeinflusst, lässt sich durch eine **Kosten-Nutzen-Analyse** ermitteln:

- **Nutzen:** Beitrag des Merkmals bzw. der Verhaltensweise zum Fortpflanzungserfolg/zur Fitnesssteigerung.
- **Kosten:** Investitionen, die für die Ausbildung des Merkmals bzw. der Verhaltensweise notwendig sind und die die Fitness reduzieren.

 Die Ausbildung einer außergewöhnlichen Gefiederfärbung macht den Träger auffälliger für das andere Geschlecht. Gleichzeitig ist der Träger aber auch für seine Fressfeinde besser sichtbar und die Produktion der Farbstoffe ist energieaufwendig.

Selektionsformen

Nach der Richtung, in die der Selektionsdruck wirkt, lassen sich **drei Selektionsformen** unterscheiden:

- **Transformierende (richtende) Selektion:** Bei veränderten Umweltbedingungen ⇒ Varianten, die vom Durchschnittstyp abweichen, erhalten oft einen Selektionsvorteil oder -nachteil. Einseitiger Selektionsdruck führt zur Verschiebung der Merkmale der Population in eine bestimmte Richtung.

 Industriemelanismus beim Birkenspanner

- **Stabilisierende Selektion:** Bei lang andauernden stabilen Umweltbedingungen ⇒ optimale Angepasstheit einer Population wird weiter gefestigt. Selektionsdruck wirkt gegen neu auftretende Varianten, die gegenüber dem Durchschnittstyp schlechter angepasst sind.

 Lebende Fossilien, z. B. Quastenflosser

- **Disruptive (spaltende) Selektion:** Bei veränderten Umweltbedingungen ⇒ extreme Varianten erhalten einen Selektionsvorteil, während Durchschnittsform benachteiligt ist. Population spaltet sich in Teilpopulationen auf ⇒ Artaufspaltung möglich (siehe S. 83 ff.).

 Darwinfinken

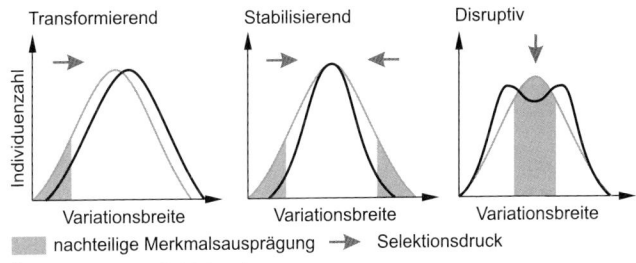

Überblick über die Selektionsformen

Selektionsfaktoren

Selektionsfaktoren sind abiotische und biotische Umwelteinflüsse, die eine gerichtete Verschiebung der Allelhäufigkeiten auslösen.

- **Abiotische Selektionsfaktoren:** Faktoren der unbelebten Umwelt: z. B. Klima, Boden, geografische Lage

  – Auf sehr windigen Inseln überleben stummelflügelige oder flügellose Insekten (z. B. Fliegen) eher als geflügelte, die aufs Meer hinausgeweht werden können.

– Gleichwarme Tierarten, die in kalten Regionen vorkommen, sind oft größer und schwerer (**Bergmannsche Regel**, siehe S. 36) und weisen im Verhältnis kleinere Körperanhänge (Schwanz, Ohren; **Allensche Regel**, siehe S. 36) auf als verwandte Arten, die in warmen Gebieten leben.

• **Biotische Selektionsfaktoren:** Faktoren der belebten Umwelt: z. B. Fressfeinde, Beute, Konkurrenz, Einflüsse des Menschen.

– **Räuber-Beute-Beziehung** (siehe auch S. 40 f.):

• **Tarnung:** Schützt vor Entdecktwerden, z. B. durch Färbung und Musterung, die der Umgebung entspricht; **Mimese:** Tarnung durch Nachahmung von Objekten/Pflanzen.

Stabheuschrecken, Spannerraupen

• **Warnfarben:** Signalisieren Fressfeinden Gefährlichkeit.

Gelb-schwarze Färbung der Wespen

• **Mimikry (Scheinwarntracht):** Nachahmung gefährlicher Arten mit Warnfarben durch völlig harmlose Organismen.

Schwebfliegen ahmen Wespen nach.

– **Konkurrenz** (siehe auch S. 41):

• **Interspezifische (zwischenartliche): Konkurrenzausschlussprinzip** oder **Konkurrenzvermeidung** durch Einnischung.

Verdrängung des Beutelwolfs in Australien durch den Dingo (verwilderter Haushund)

• **Intraspezifische (innerartliche):** Konkurrenz um Geschlechtspartner besonders bedeutsam: Fortpflanzungserfolg eines Männchens hängt bei vielen Arten von der Wirksamkeit seiner sexuellen Auslöser ab. **Sexuelle Selektion** führt zur Herausbildung bestimmter Merkmale zur Anlockung von Weibchen und zur Einschüchterung von Rivalen (⇒ Geschlechtsdimorphismus).

Große Geweihe bei Männchen vieler Hirscharten, Prachtgefieder bei Männchen vieler Vogelarten

– **Koevolution:** Wechselseitige Anpassung (**Koadaptation**) zweier Arten, die über lange stammesgeschichtliche Zeiträume hinweg jeweils einen starken Selektionsdruck aufeinander ausüben.

• **Symbiotische Beziehung** (siehe auch S. 41)

Blütenpflanze (wird fremdbestäubt) und Bestäuber (Zugang zu ergiebiger Nahrungsquelle).

- **Parasit-Wirt-Beziehung** (siehe auch S. 41)

  Der Kuckuck spart sich eigene Brutpflege und legt seine Eier in Nester von Singvögeln, die dadurch geschädigt werden (Verlust von Brut und Ressourcen).

– **Einflüsse des Menschen:**
  - **Industriemelanismus:** In Industrieregionen setzen sich bei manchen Arten dunkel gefärbte Mutanten gegen heller gefärbte Individuen durch, da sie auf durch Verschmutzungen dunkel gefärbten Flächen besser getarnt sind.

    Birkenspanner, Stadttauben

  - **Künstliche Selektion** bei der Domestikation von Tieren und Pflanzen: Mensch entzieht Haustiere und Nutzpflanzen weitgehend den natürlichen Umweltbedingungen und wählt Individuen, die zur Fortpflanzung kommen sollen, nach züchterischen Gesichtspunkten aus ⇒ starker Selektionsdruck führt in kurzer Zeit zu vielen verschiedenen Rassen/Sorten einer Art.

19.4 Gendrift als Zufallsfaktor

Gendrift (Allelendrift): Zufällige und schnelle Anreicherung oder Verminderung von seltenen Allelen im Genpool einer kleinen Population, unabhängig vom Selektionswert der betreffenden Allele ⇒ ungerichtete Veränderung des Genpools, Verringerung der genetischen Vielfalt.
- **Gründer-Effekt:** Wenige Individuen einer Art besiedeln einen neuen Lebensraum. Ihr Genpool ist klein und enthält eine zufällige Auswahl von Genen.

  Sturmverwehung körnerfressender Bodenfinken auf die Galapagosinseln (Darwinfinken)
- **Flaschenhals-Effekt:** Durch eine Katastrophe (z. B. Dürre, Kälte, Überschwemmung) wird die Population stark verkleinert. Die Restpopulation verfügt über einen zufälligen Genbestand.

Reduktion der Geparde vor ca. 10 000 Jahren auf eine extrem kleine Restpopulation

Kleine Populationen mit stark verminderter genetischer Variabilität reagieren oft extrem auf veränderte Umweltbedingungen:

 • Auffällig gefärbte Varianten können sich schnell durchsetzen, wenn in neu besiedeltem Gebiet der Selektionsfaktor Fressfeind fehlt.
• Population kann aussterben, wenn die genetische Ausstattung zu geringerer Widerstandsfähigkeit gegen Krankheitserreger führt.

19.5 Isolation

Unterbrechung des Genflusses zwischen Populationen einer Art ⇒ Entstehung neuer Arten möglich. Genaueres siehe Kapitel 20.2.

20 Die Entstehung neuer Arten

Neue Arten entstehen immer aus bereits existierenden Arten durch das Zusammenwirken der Evolutionsfaktoren.

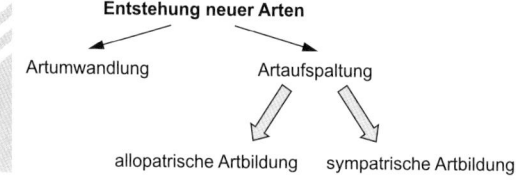

20.1 Artumwandlung (Anagenese)

Fortschreitende Verschiebung der Allelfrequenzen des Genpools einer Art über einen längeren Zeitraum hinweg durch **transformierende Selektion**. Dabei kommt es nicht zu einer Erhöhung der Artenzahl.

20.2 Artaufspaltung

Die Entstehung der **Artenvielfalt** setzt eine **Artaufspaltung** voraus, bei der aus einer Ursprungsart zwei oder mehr neue Arten entstehen, die reproduktiv voneinander isoliert sind.

Reproduktive Isolationsmechanismen

Reproduktive Isolationsmechanismen verhindern den Genaustausch zwischen Individuen unterschiedlicher Arten, auch bei Vorkommen im gleichen Verbreitungsgebiet. Sie sind Folge der Artaufspaltung.

- **Mechanische Isolation:** Unterschiede in Körpermerkmalen machen Paarung nicht artgleicher Individuen unmöglich.

 Begattungsorgane vieler Insekten, Spinnen und Tausendfüßler

- **Ethologische Isolation:** Verhaltensunterschiede verhindern Partnerfindung oder Paarung.

 Verschiedene Möwenarten erkennen sich an der Augenfarbe, Leuchtsignale von Glühwürmchen sind artspezifisch.

- **Zeitliche Isolation:** Nahe verwandte Arten sind zu unterschiedlichen Zeiten sexuell aktiv.

 Grasfrösche im zeitigen Frühjahr, Teichfrösche im späten Frühjahr

- **Bastardunterlegenheit:** Mischlinge zwischen Arten haben geringere oder keine Fortpflanzungschancen.

Maulesel und Maultiere (Mischung Pferd – Esel) sind unfruchtbar.

Allopatrische Artbildung

Infolge einer **geografischen Isolation** (**Separation**; räumliche Trennung) von (Teil-)Populationen kann es durch Unterbrechung des Genflusses zur Entstehung neuer Arten kommen. Dabei wirken innerhalb der getrennten Teilpopulationen Mutation, Rekombination und unterschiedliche Selektionsdrücke auf den Genpool. Dies führt schließlich zur **reproduktiven Isolation**, die auch dann besteht, wenn sich die Verbreitungsgebiete evtl. wieder überschneiden.

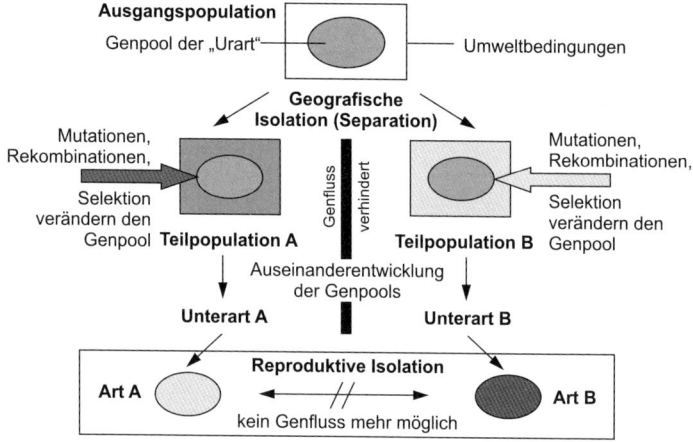

Mechanismus der Artentstehung

Vorgänge, die zur Separation führen können:

- **Geologische Ereignisse**

  Auseinanderdriften der Kontinente, Talbildungen

- **Drastische Klimaveränderungen**

  Vergletscherung, Wüstenbildung

- **Verschleppung (Gründerprinzip)**

  Stürme oder Meeresströmungen, die wenige Individuen einer Art von der Ursprungspopulation trennen

Sympatrische Artbildung

Entstehung neuer Arten im selben Verbreitungsgebiet (ohne geografische Isolation) durch Unterbrechung des Genflusses zwischen einzelnen Individuen einer Population.

- Erhalten pflanzliche Individuen infolge einer Genommutation einen zusätzlichen Chromosomensatz **(Polyploidisierung)**, so können sie mit den übrigen Pflanzen der Population keine fruchtbaren Nachkommen zeugen. Durch Selbstbestäubung oder auf ungeschlechtlichem Weg kann aber eine neue, reproduktiv von der Ursprungspopulation isolierte Population entstehen.

  Tetraploider Roggen

- Innerhalb einer Population entwickeln manche Weibchen eine Präferenz für bestimmte Männchenformen oder Eiablageplätze.

   Unterschiedlich gefärbte Buntbarscharten im ostafrikanischen Victoriasee, Eiablage der Apfelfruchtfliege auf Weißdorn- bzw. Apfelfrüchten

- Besetzung unterschiedlicher ökologischer Nischen durch Individuen einer Gründerpopulation innerhalb eines Lebensraums.

  Buntbarscharten im Apoyo-Kratersee in Nicaragua

Adaptive Radiation

Aufspaltung (Auffächerung) einer wenig spezialisierten Ausgangsart in mehrere an unterschiedliche **ökologische Nischen** angepasste (spezialisierte) Arten.
Die adaptive Radiation kann sich dabei als Reihe allopatrischer Artbildungen (z. B. durch Besiedlung ökologisch unterschiedlicher benachbarter Inseln und Anpassung) oder auch als sympatrische Artbildung (z. B. durch die Bildung neuer ökologischer Nischen innerhalb eines neuen Lebensraums) vollziehen.

 Darwinfinken auf den Galapagosinseln, Beuteltiere in Australien, Buntbarsche im Victoriasee (Ostafrika)

21 Entwicklung des Lebens auf der Erde

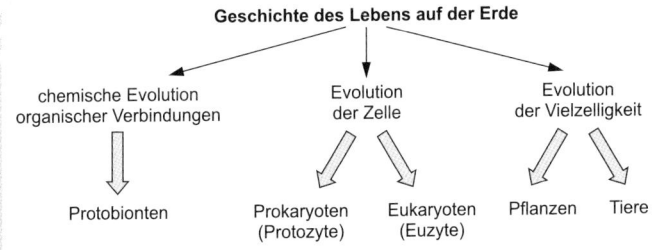

21.1 Entstehung von Protobionten

- Vor ca. 4 Mrd. Jahren: Bildung **kleiner organischer Moleküle** (z. B. Aminosäuren, Kohlenhydrate, Nukleotide) aus anorganischen Verbindungen in einer sauerstoffarmen Uratmosphäre.
- **Monomere** verknüpften sich zu **polymeren Makromolekülen** (z. B. Proteine, Nukleinsäuren).
- Entstehung von sich **selbst replizierenden Molekülen.**
- Vor ca. 3,8 Mrd. Jahren: Entstehung von **membranumhüllten Reaktionsräumen** (Kompartimente) mit diesen Molekülen im Inneren.
- ⇒ **Ergebnis: Protobionten:** Hypothetische Zell-Vorläufer mit einfachem Stoffwechsel und Vererbungsmechanismus.

21.2 Die Entwicklung der Zelle

Prokaryoten

- Erste nachgewiesene Lebewesen vor ca. 3,5 Mrd. Jahren; Vorfahren der heute lebenden Bakterien, Cyanobakterien und Archaeen.
- Erste Prokaryoten ernährten sich **heterotroph** durch Aufnahme organischer Substanzen. Später entwickelten sich Formen, die energiereiche organische Stoffe durch Chemo- bzw. Fotosynthese selbst herstellen konnten (**Autotrophie**).

Eukaryoten

- Abstammung vermutlich von Prokaryoten, erstes Auftreten vor ca. 1,8 Mrd. Jahren.
- Entstehung der Euzyte:
  - Entstehung des **Zellkerns** mit seiner Kernhülle möglicherweise aus Einstülpungen der Zytoplasmamembran, die das genetische Material umschloss.
  - **Endosymbionten-Theorie:** Endozytose kleinerer Prokaryoten, die aber nicht verdaut, sondern zu dauerhaften Endosymbionten wurden, die den Wirt an ihren Stoffwechselleistungen beteiligten → Entwicklung der **Mitochondrien** aus einem aeroben, heterotrophen Prokaryoten und der **Chloroplasten** aus einem fotoautotrophen Prokaryoten.

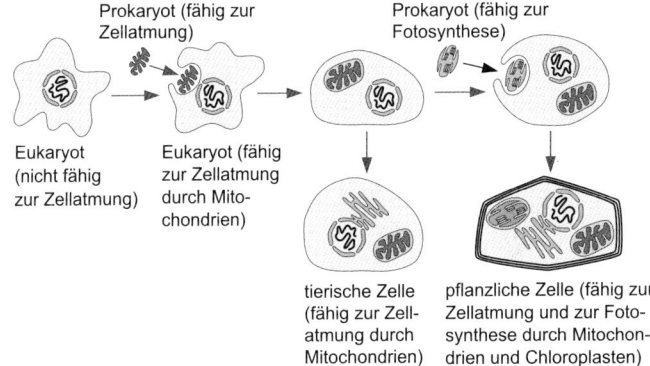

Prokaryot (fähig zur Zellatmung)

Prokaryot (fähig zur Fotosynthese)

Eukaryot (nicht fähig zur Zellatmung)

Eukaryot (fähig zur Zellatmung durch Mitochondrien)

tierische Zelle (fähig zur Zellatmung durch Mitochondrien)

pflanzliche Zelle (fähig zur Zellatmung und zur Fotosynthese durch Mitochondrien und Chloroplasten)

Belege: Mitochondrien und Plastiden …

• entstehen nur durch Teilung.
• weisen eine Doppelmembran auf: Die innere Membran ähnelt der von Bakterien.
• besitzen eigene DNA und eigene Ribosomen.

21.3 Die Entwicklung der Vielzelligkeit

• Vor ca. 1 Mrd. Jahren: Mehrmalige unabhängige Entwicklung aus Zellkolonien eukaryotischer Einzeller (entstanden wahrscheinlich durch Nichttrennung von Tochterzellen nach der Mitose).
• **Selektionsvorteile** für Organismen mit vielzelligem Aufbau: Zunehmende Größe schützt vor Fressfeinden, Differenzierungsmöglichkeit von Zellen und Arbeitsteilung.
• **Nachteil:** Begrenzung der Lebensspanne: Aufgrund starker Differenzierung der übrigen Zellen sind nur Keimzellen potenziell unsterblich.
• **Landpflanzen:** Entstehung vor ca. 500 Mio. Jahren, vermutlich aus Grünalgen mit Präadaptationen an das Landleben.
• **Tiere:** Entstehung vor ca. 700 Mio. Jahren, evtl. aus begeißelten Eukaryotenkolonien.

22 Evolution des Menschen

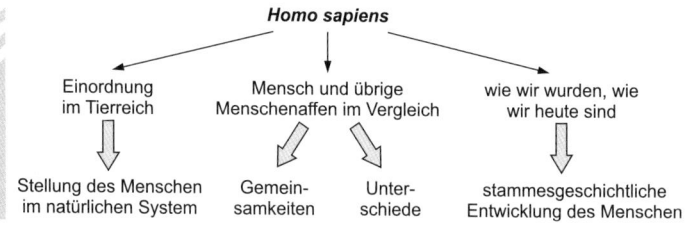

22.1 Stellung des Menschen im natürlichen System

Der Mensch bildet mit den Schimpansen, den Gorillas und dem Orang-Utan die Familie der **Hominiden (Menschenaffen)** innerhalb der Ordnung der **Primaten**. Der Mensch ist der einzige noch lebende Vertreter der Gattung **Homo.**

Ordnung: Primaten
 Familie: Hominiden
  Gattung: Homo (Mensch)
   Art: *Homo sapiens*

22.2 Mensch und übrige Menschenaffen im Vergleich

Merkmal	Mensch	Menschenaffen
Anzahl Chromosomen	46 (Chromosom 2 gleicht zwei kurzen Chromosomen der Menschenaffen)	48
Blutgruppen	AB0-System	AB0-System
Schädel	• großer Gehirnschädel • Gehirnvolumen: ca. 1 450 cm^3 • relativ steile Stirn • Nasenvorsprung	• kleiner Gehirnschädel • Gehirnvolumen: ca. 350 cm^3 • fliehende Stirn, Überaugenwülste • Schnauze

Schädel	• Hinterhauptsloch zentral an der Schädelunterseite • vorspringendes Kinn	• Hinterhauptsloch im hinteren Schädelbereich • fliehendes Kinn
Gebiss	• Kiefer in V-Form (parabolisch) • geschlossene Zahnreihe	• Kiefer in U-Form • Zahnreihe mit (Affen-) Lücke
Zähne	• gleiche Zahnformel • kleine Eckzähne • Backenzähne mit 5 Höckern	• gleiche Zahnformel • dolchartige Eckzähne • Backenzähne mit 5 Höckern
Wirbelsäule	doppelt-S-förmig	C- bzw. S-förmig
Brustkorb	breit, abgeflacht	breit, abgeflacht
Becken	breit, kurz, schüsselförmig	schmal, lang
Hände	Greifhand; opponierbarer, langer Daumen: Präzisionsgriff	Greifhand; opponierbarer, kurzer Daumen
Füße	Standfuß	Greiffuß
Fortbewegung	aufrechter, zweibeiniger Gang	vierbeiniger Gang

Vergleich der Merkmale von Mensch und übrigen Menschenaffen; Gemeinsamkeiten

22.3 Stammesgeschichtliche Entwicklung zum *Homo sapiens*

Hangler-Stadium auf Bäumen

Urprimaten lebten überwiegend auf Bäumen in tropischen Regenwäldern Afrikas. Sie zeigten bereits **(Prä-)Adaptationen**, die einen Selektionsvorteil für die spätere stammesgeschichtliche Entwicklung zum zweibeinigen, aufrecht gehenden Bodenbewohner darstellten, z. B.:

• gutes räumliches Sehen durch nach vorne gerichtete Augen
• leistungsfähiges Kleinhirn zur Bewegungskoordination
• gut bewegliche Arme und Hände

Übergang zum Bodenleben in der Savanne

Vor ca. 7–5 Mio. Jahren führten ein Temperaturrückgang und Trockenheit zum Rückzug der tropischen Regenwälder in Afrika. Es entstanden baumdurchsetzte Savannen.

Im Zeitraum vor 4 bis 1 Mio. Jahren entwickelten sich dort mehrere Arten der Gattung **Australopithecus** (Vormenschen) sowie der Gattung **Homo** (Frühmenschen).

Angepasstheiten:
- Fortbewegung durch aufrechten, zweibeinigen Gang
- Hände werden frei als Werkzeuge, Präzisionsgriff
- leistungsfähige Augen, räumliches Sehen
- Körpergröße nimmt zu ⇒
  - größere Schrittlänge beim Laufen
  - größeres Körpervolumen senkt Wärmeverlust

Entwicklung zum *Homo sapiens*

Bei den Arten der Gattung Homo, die sich in den vergangenen 2 Mio. Jahren entwickelten, kam es zu einer **Vergrößerung des Gehirnvolumens** von etwa 600 cm^3 beim *Homo habilis* bis zu ca. 1 450 cm^3 beim *Homo sapiens* (erstes Auftreten vor ca. 150 000 Jahren).

Hypothesen zur **Ursache der Gehirnvergrößerung:**
- **Proteinreiche Nahrung** (Fleisch, Aas) ermöglichte den Aufbau eines größeren, leistungsfähigeren Gehirns.
- Herstellung und Gebrauch von **Werkzeugen** und die Gehirngröße bedingten und verstärkten sich gegenseitig.
- Zunahme der Gehirngröße brachte Vorteile, da dadurch differenzierte **Sprache** möglich wurde, die bessere Organisation, Planung und Absprache in der Gruppe ermöglichte.

Kulturelle und soziale Evolution des Menschen

Sprache erlaubt die Weitergabe erworbenen Wissens. Bewährte, vorteilhafte Ideen, Kenntnisse und Fertigkeiten werden bevorzugt weitergegeben, sammeln sich über Generationen an und werden zum **Kulturgut** einer Gruppe. Mit Erfindung der **Schrift** erreichte die Möglichkeit zur Speicherung von Informationen eine neue Dimension.

22.4 Hypothesen zum Ursprung des heutigen Menschen

- Alle heute lebenden Menschen stammen vermutlich von einer *Homo-sapiens*-Population ab, die sich aus einer afrikanischen Population von *Homo erectus* vor weniger als 200 000 Jahren entwickelte und vor etwa 100 000 Jahren von Afrika ausgehend die ganze Welt besiedelte **(Out-of-Africa-Hypothese)**. Dabei verdrängten die modernen Menschen durch Konkurrenz um die gleiche ökologische Nische den *Homo erectus* sowie den *Homo neanderthalensis*.

- Die geringen genetischen Unterschiede zwischen den heute lebenden Menschen sowie Untersuchungen der mitochondrialen DNA stützen die Out-of-Africa-Hypothese und machen die **Hypothese eines multiregionalen Ursprungs unwahrscheinlich**. Dieser Theorie zufolge soll der moderne Mensch in unterschiedlichen Regionen aus verschiedenen Unterarten des *Homo erectus* weitgehend unabhängig voneinander entstanden sein.

Stichwortverzeichnis